JERRY MONG

孟 孝 慶

從扮家家酒到五星級飯店管理

執著的人
不畏懼
被改變

樂觀開啟自己人生的鑰匙（推薦序）

錢克難

當孝慶邀請我替他寫序的時候，我心中有著幾分的惶恐，惶恐的是我擔心文字的敘述很難精準的描述他個人，因為他很特別。當然，也有著幾分的喜悅，能有一個在事業上及為人處事上，有如此卓越的學生，我這個當老師的，是何等的榮耀。

學生時代的孝慶，並不像現在看到的那般自信，在課業上也沒有那麼傑出，但是他人緣極佳，無論男女同學，都和他有良好的互動。在團體中，他永遠都是笑聲最開朗，笑容最燦爛的大男孩。但是在快樂的背後，他也背負著父母親望子成龍的巨大壓力。然而，在高三畢業重考那一年，他一天中失去了雙親，從此也改變了他的一生。

如今，他已是個有自信、有能力，又有成就的中年男子了。從畢業後到現在，經歷了三十個年頭，我雖然沒有參與，但從其他同學口中得知，這一路走來的艱辛，他卻從不自憐自艾，天生樂觀進取的個性，是造就他成功的一把關鍵的鑰匙，也從此開啟了他精彩的人生旅程。

看到他有現在的成就，卻不忘周遭所有一起陪伴並鼓勵他的同學與好友們，這樣一位不忘本的人，他的成功自然也絕非偶然，我有這樣的學生，我深感驕傲，更與有榮焉。

期待另一張漂亮的成績單（推薦序）

劉祖蒂

Jerry：「劉跪護，你要幫我寫序……」

我：「天啊！千言萬語，我真的是不知該蟲河縮起耶～」

這種奇怪的文字，就是我和Jerry最一般的手機對話。很多時候在我看來，他就是一個有點神經錯亂的人，所以……我非常肯定我應該寫不出所謂文詞優雅或是太多讚美他的話吧！（下面的文章，希望總編輯可以勉為接受）

話說在三十幾年前，我們倆都是錢老師班上的高一新生。現在回想對Jerry的印象就是：他有時候會在下課期間放一顆蘋果在我的桌子上，然後蹲在座位旁邊說：「你今天過得好嗎？」然後就笑笑的閃人離開。真的，因為他這個人總是笑嘻嘻的，所以在光仁高一愛班，大家都喜歡他！

到了高二，我念理組，他去了文組，之間，似乎也就沒什麼交集了。然後，事隔二十六年，我的好友Amy突然從紐約打電話告訴我說Jerry在FB上開了一個光仁的小群組，所以，就從二〇一二年六月十二日這一天，算是開啟了我和Jerry的手機人生……

他幾乎每天都會從美國打兩三個小時的電話給我，聊著聊著，就這麼接起了這個我和他中斷二十六年聯繫的時光；一些甘苦、一堆的喜怒哀樂，從他父母在他高三畢業重考那一年一夕之間的突然過世，到他去當兵，再去美國讀旅館管理，如何從洗衣房開始到前檯經理，一步一步地，在完全一個人而且沒有任何靠山之下，血淚奮鬥的做到高檔酒店的副總。（其實這個也就是大家如果看這本書，會覺得很精彩的部分喔！）

不久之後，他加入悅榕集團，去了中國大陸昆明撫仙湖，這是他人生中真正第一次獨挑大樑，當個大飯店的總經理。每天的每天，我聽Jerry說著飯店發生的事，說客人，說員工，說大廚二廚，說祕書，飯店發生的千奇百怪的事，這也真的是我生活中的樂趣之一（但也搞得我總覺得自己像是飯店的副總經理一樣）。當然，我也就順理成章地成了他的心靈導師＋生活上的依靠。（這是我自己認為的啦！）

說了這麼一大堆，真正讓我對他改觀的是：在一個月黑風高的夜晚……噢，不！其實是我們全家在密西根過暑假的某一個晚上，Jerry突然默默地透過手機，傳了一張英文報表給我。等到我仔細看了之後，天啊！真的不得了……他在全世界三十多個悅榕莊的總經理之中，業績達成率排名世界第一（二九三％，不知道為什麼，我看了一眼就忘不了這個數字。應該是太驚嚇了吧）。

當天晚上，我立刻和Jerry通了電話，雖然我總是一天到晚罵他笨，笑說他沒腦，但是在我看到報表之後，真的超級感動的。因為我知道，他是想和我分享他的榮耀！當然，也是他自己要炫耀一下啦！所以暑假結束回台灣，不到十天，我就立刻訂了機票帶著女兒，並邀了同是高一愛的好友Peggy，我們兩對母女檔，就這麼匆匆出發去了昆明……。去見識Jerry的威風、看看他的本領（這完全是Jerry每天每天洗腦我的話……）

在此，我不得不承認，Jerry，真的真的真的是：很威風+很厲害啦！因為，我真的受到了非一般人的待遇，就憑這一點，我真的是非常非常誠心的蟹蟹他！（這是他的書，所以我要入境隨俗的學他寫點字……）

這兩年，Jerry又被派去了西安做悅榕集團的開業酒店。我呢？又一直一直地被他轟炸：「來呀！來呀！來找我啦！」可是不知道為什麼，任憑他如何利誘，我又提不起勁，再特別跑一趟大陸去看他（反正他每年都會回來好幾次）。

或許吧……我的心中，仍在期待另外一張報表，不用第一名，前三名就好了啦！

拜託拜託，Jerry，加油加油再加油啊！

因為你的就是我的，你的成績，攸關著我下半輩子可能會更幸福的人生！（這是你自己說的喔！我現在寫在書序上，白紙黑字，大家見證，以免你的口說無憑！）

還是老話一句：千言萬語不知從何說起……只好再次再次叮嚀你，好好照顧自己，加油加油加油再加油！我精神上永遠支持你！

也祝福你：這本記錄了你的精彩人生的書，讀者看了都喜歡，大大大賣啦！

給我的父母，George & Amy Mong（自序）

我相信每個人的一生都有他精彩的部分。我不知道我的故事是否靚麗突出，但我只是想把我這幾十年來的經歷記錄下來，算是給我父母的一個交代。我不知道這個成績單是不是A，還是B，甚至可能不及格……。但是，我想把這個「Report Card」交給父母。

他們從我小時候就很關心我的學業與成績。可惜我在他們在世的時候一直表現平平，沒有任何出彩。但是三十年後，我很幸運的有機會分享我的故事，我也希望他們在天堂可以看到今天的我。

我要感謝光仁中學高一愛的老師和同學們，They always love me for who I am。我也要感謝劉祖蒂，沒有她也不會有今天這本書。

目錄

1

命運

最近幾年我在大陸做事，每年我都會飛回台北，到父母的墳前上香，望著墓碑上父母的照片，總是想著一模一樣的問題：「爸爸，你覺得我現在成功了嗎？」「我讓你感到驕傲嗎？」這些話像霓虹燈一樣在腦中不停閃爍著。是的，以前父親最常跟我說的話就是，「你真的覺得你做得很好嗎？」「真的有努力嗎？」我常覺得和父母十八年的緣分好短，好可惜，他們是很好的父母。我常常想念他們，每天想著要如何讓他們以我為榮。

大學落榜＆父母雙亡

一九八六年，我高中畢業後沒考上大學。當時距離最後一個志願逢甲統計系就差那麼一丁點兒，父母的失望可想而知。在台灣念書真是太辛苦了，壓力大到不行。我有時回想起那時念書的情形都不堪回首。

我母親一知道我沒考上大學，是又氣又恨，悲痛欲絕，連外婆都來勸。而我父親則是不搭理我，看都不看我一眼，當我不存在似的。過了一個月水深火熱的恐怖日子，我開始上補習班，準備重考。在那時很多教科書都換新了，我還得要去熟悉一些新的教材，相當麻煩。

一九八七年的一月十三日晚上十一點左右，台北的天空異常寒冷。那晚父母親從外頭參加晚宴回來。而我當時正好在「偷」看電視，他們最恨我看電視，因為他們覺得電視是讓我考不取大學的主因。那天父親當面斥責了我一頓，於是我就溜回房間假裝看了一下書，然後上床睡覺。

第二天早上是我自己醒過來的，一般我母親都會在清晨六點鐘叫醒我和妹妹。但是那天早上我自己醒來時卻已是六點半了。我急急忙忙的跑到妹妹房間，把她叫醒，然後再各自衝到浴室刷牙洗臉，準備出門上學。

當時我心裡就覺得很納悶，為何爸爸媽媽會沒有叫醒我們？這種事情從小到大沒有發生過，爸媽的浴室和我們的浴室只有一牆之隔，而我從窗子看過去他們的浴室燈竟是亮的，還有沖水的聲音。我大叫了幾聲都沒有傳來任何回應，我開始很緊張了，渾身上下開始顫抖。

我和妹妹一起打開爸媽房間的門，卻看到房間裡滿地都是嘔吐和腹瀉的穢物，但房裡沒有人，我們惴惴不安地踏進了浴室，完全不敢相信眼前所看到的一切。

父親橫躺在浴缸裡，蓮蓬頭的水不停地往他的身上沖著，他似乎是想要洗個澡，但是不知怎麼就躺在浴缸裡一動也不動。母親則臥倒在洗手台底下，似乎還有一點氣息。我當時趕緊打了三通電話，第一通先打給一一九，然後是打給我鄰近的親戚，最後一通再打給補習班請假，緊接著我就不省人事，連妹妹當時在哪裡我已完全不清楚。

昏迷的感覺就是人很累，整個人跟癱瘓似的。眼睛睜不開但還是有意識。我感覺到家裡慢慢地有人進進出出，親戚們也著急的趕來，我聽到家裡一片混亂，聽到吵雜聲中充滿了恐懼、驚嚇……

孟孝慶，你要堅強！

後來我被送往榮總醫院，我也不知道到底是過了多久才清醒過來。我只依稀記得有一點點意識的時候，親戚在旁邊貼著我的耳朵小聲的說：「孟孝慶，你要堅強，你的爸媽過世了。」

我聽了呆愣在那兒，動也不能動，這一切太戲劇化了，這種在報紙上社會新聞才會看到的事情怎麼可能會發生在我身上？我該怎麼辦？以後的生活怎麼辦？誰來照顧我們？我那時才十八歲，妹妹也不過十四歲，她又要怎麼辦？我們兩個平常都依靠父母慣了，兩人都很不獨立。突然間，他們兩個人死了，該如何是好？

回到家後，我看到許多親戚們哭得很傷心，才自覺到我怎麼到現在都還沒有流眼淚？我想我當時大概真的是驚嚇過度了吧，以前的我動不動就哭得像個淚人兒似的，還被家人笑說沒有男子氣概，怎麼這時我的父母消失在這個世界上，而我竟然一點反應都沒有？

其實很合理，我後來想想，除了被驚嚇到之外，我當時應該是得了嚴重創傷壓力症候群之類的吧。

我們和母親這邊的親戚走得比較近些，也比較親一些。母親這一方的舅舅、阿姨們自然都十分地傷心，有的親戚還說我母親是我害死的，都是因為我不用功，考不上大學，讓她身體變得很不好，才會在這一次走得那樣突然，還叫我今年一定要考取，才對得起我已過世的父母。

而我父親這一方的親戚本來就很少，就是我爺爺奶奶，還有美國的伯伯及姑姑。姑姑那時也從美國回來。大家都相當難過。大概人過世的太突然，大家都一時間失去了理智。爺爺奶奶是虔誠的基督教徒，所以什麼唸經、超渡、燒香都是不允許的。但是我母親這邊卻是信奉傳統的佛教，外婆知道了沒有佛教超渡法事很是傷心，怕往生的人在陰間不好過，很著急。兩方意見不合起了衝突：

「如果你女兒是基督徒的話，她看到我兒子那樣，她一定會有力量去打一一九來救我兒子的，那樣我兒子就不可能會走了……」爺爺奶奶傷心的說。

「攏系你兒子先走，才會把我女兒也給帶走。」外婆淚如雨下也用閩南語叨叨唸著。

後來法醫也來看過，他說我父親是食物中毒，上吐下瀉而導致心臟麻痺休克而死，而母親沒中毒，只是她應該是看到爸爸那個樣子，活活的被嚇死了……。我母親長期神經衰弱，她與父親始終都很恩愛，我想她一定是無法接受爸爸慘死的那個模樣。

有肌肉的父親

我從小對父親是又敬佩又害怕。父親有一副好身材，不管是二頭肌、腹肌、胸肌都在他身上展露無遺，想必他自己也很清楚。這樣的衣架子加上他獨特的穿搭品味，更讓人印象深刻。夏天時，他帶著我們一家人在圓山飯店俱樂部的泳池游泳，我看著自己瘦小的模樣，從頭到腳跟一枝旗杆沒什麼區別。再看他緊實的身材，覺得怎麼會差那麼多。我還記得每年過年的時候，父親總喜歡穿著白色的襯衫，脖子上還打一條領巾，外面再罩著紅色的羊毛衫。他的風采一直很令我羨慕。我一直渴望能和他很親近。

看到很多小時候和他的合照，他在沙灘抱著我，或是他帶著我開著碰碰車，我很遺憾這些幾乎都不再存在我的腦海中，甚至都記不得了。當我開始上國中後，我就覺得離他越來越遠，我總是躲得遠遠的，我怕自己會讓他失望，讓他不高興……

父親在我心目中幾乎是完美的。在美商公司工作了一輩子，看到他與好多外國人用英文交談，讓我既憧憬又羨慕。他的數學也很不錯，時常晚上還會抽空教我數學。在我的小書房內，他一邊抽菸，嗆得我呼吸困難。他的聲音又特別洪亮，眼光十分犀利……。最後愚笨的我總是被嚇得魂飛魄散，但是數學成績也因此有所進步，我總覺得我的數學之所以變好是被他嚇出來的。他對幾何、代數情有獨鍾，每次我這兩項做不好的時候，他會特別激動，在他嚴厲的鞭策下，這兩項反而成為我數學的強項。

我其實很妒忌父親和妹妹的關係。小時候和我妹妹一起玩跳棋、象棋各種智力遊戲，我比我妹大四歲，所以幾乎都會贏她。但是我父親看到我們玩這些遊戲的時候會蓄意幫她，還在旁邊指導她。當時的我心眼很小，總覺得父親就是要和妹妹一起對付我，讓我非常不爽。當然，不爽的我最後在我爸面前翻棋牌走人，自然免不了被叫回來訓斥一頓：

「你知不知道我這樣幫助Mxy也在增進你下棋的功力，幫助你學習，讓你更會下棋嗎？」

他用他的大嗓門兒吼著，手臂、脖子的青筋一條條看得很清楚……。其實到了今天，我還是不大懂他這個原理，我又不是要參加什麼下棋比賽，我只要贏我妹就好了，他幹嘛那麼激動！

其實與父親的關係開始疏遠，應該是上了國中之後吧，國小時我的成績都是名列前茅，除了參加各種演講、朗讀，甚至作文比賽，還彈得一手好琴，那時的父親對我還不錯。但是到了國中之後，我的功課大不如前，總是無法再擠到前十名，父親的臉色便越來越黯沉，嘴角總是向下彎成一個不悅的弧度。我知道我再也無法滿足父親，讓他以我為榮，他也離我越來越遠。父親關愛的眼神變得日漸冰冷，我並不十分明白是否跟我的課業表現不符合他的期待有關。

我一直很想探究父親何以只對我嚴厲，想知道為什麼除了彈琴外，我無法得到他的歡心，有時也難免有不滿的情緒在心中燃燒，日復一日越積越多。我當然也想在各方面好好表現，但是有時就是力不從心，他為何不能瞭解並非每個小孩都是一百分。

我的父母親都是大學畢業，他們原本都是英文老師，父親因為英文很好轉到美商杜邦公司任職，幾經升遷，職務越做越高，最後擔任管理行政職位並且負責二氧化鈦（TiO_2）建廠的項目籌備。那段時間我很怕惹惱父親，每當他拖著疲倦的身體回家，一聽到開門聲和腳步聲，我會立刻關上電視或收音機，然後假裝在房間用功讀書。他的很多同事或下屬的小孩們正好成績都非常優秀。再加上母親那邊的舅舅、阿姨的小孩更是念書超級厲害。我要面對的這些競爭對手實在是太多了。當我要考高中時，我最後勉強上了第五志願的板中，其他認識的不是建中、北一女、附中，就是成功高中的，我這個板中對他打擊算是很大的了，但我真不知道該怎麼辦。

只要我看到父親的眉頭緊繃，滿臉不悅，就知道那一天皮要繃緊，也因為這樣常搞得我神經緊張，擔心害怕，怕家中雞飛狗跳。由於板橋高中在當年是北市第五志願，父親覺得太沒面子，所以讓我去考私立的中學，避免一說出我就讀的校名馬上就被Judge我的程度。所以我就去讀光仁中學，一個出了很多音樂人的學校。

當時的我念書念不過別人，連玩個俄羅斯方塊都只能勉強拼湊成一面，下棋也只能勉強趁我父親不在的時候贏我妹一番……。我記得父親看到我一個很聰明的表哥可以完成六面俄羅斯方塊，對他露出那種愛惜的眼神，一副惺惺相惜的感覺恨不得這表哥是他親生似的讓我很不是滋味。有一次父親在師大附中時的要好同學和他小孩來我們家，這個與我同齡的男生也會彈琴，但是是那種「愛現」型的。於是兩家小孩就開始把現場搞得像中正紀念堂的國家音樂廳一般，死命拚搏表現琴藝，就是為了贏得長輩們的認可。後來他們走了以後，我父親居然認為「他彈得比我好」，當場我都要崩潰了，我不知道哪裡來的膽子頂撞了他：

「他彈得那麼爛哪有比我好？」

「孟孝慶你永遠就是不能接受人家批評！人家彈得就是比你好！」

「那我去念音樂班！反正光仁中學的音樂班很有名，我去念，我要念音樂！」

我氣呼呼的說。

「洋琴鬼！你會活活被餓死！」父親大聲吼著，言語之間的口氣充滿譏諷。

其實命運真的很捉弄人，殊不知他們過世後，我還真的靠彈琴為生了一段日子。

他只是不喜歡我

其實當我在醫院得知父母親他們過世的消息，心裡還是很愧疚的，但是一方面又突然感覺以前那些壓力全消失了，這個世界上以後就沒有人再管我，似乎也安心了許多，那時的心理真是相當的矛盾。

這些年，我一直認為我父親是真心愛我的，但他並不喜歡我這個人。（He loves me, but he doesn't like me.）其實我不覺得這有什麼錯，父親愛兒子是天經地義的事，但是如果兒子不是父親心裡想要的那個樣子，做父親的不喜歡也是ＯＫ的吧？我看得很開。

父親過世後，我到他杜邦的辦公室收拾東西，我知道那時他的壓力相當大。公司裡許多叔叔阿姨都和我說父親的脾氣真是好，人也不多話，然後都不會生氣。我聽了很意外，想必是都在公司忍住了，把氣回家全部都出到我身上了吧。

我一邊把該丟的東西丟了，一邊收拾，看到窗檯邊擺了兩個相框。我沒來過他辦公室，尤其感到好奇……。一個相框是母親坐在一張椅子上很悠閒的照片，另一個相框裝的是我妹妹的照片。我那時想著，父親真的是看到我就生氣，他竟然連我的照片都不願擺出來，心裡很不是滋味。

其實一直以來，我一點都不怪他，他心目中理想兒子的形象與實際的我相差太遠。我的功課不算最好，但也不算最差。我發育得晚，高一時一百七十公分都不到，高三快畢業時才長到快一百八十公分，我不愛運動，除了游泳，我什麼都不會。高中的時候，我一點也不起眼，也不曾參加什麼儀隊、球隊之類的。反正是一個男生該出風頭的事跟我一點關係都沒有，我想我父親一定是因為我這個樣子才會那麼生氣吧。因為他年輕的時候可不是這個樣子的，他希望我跟他一樣表現得很傑出、很風光，這種思維我覺得是可以被理解的。

換句話來說，就是有點「望子成龍」，但小孩卻不成材的那種遺憾吧。

「超愛演」的母親

我和母親的感情比較好，母親是個充滿自信的女人。她身材嬌小，只有一百五十公分高，但她常自誇她的腿是相當漂亮的。

我想到小時候常常和母親站在梳妝台前，我喜歡和她一起照鏡子，妹妹自己喜歡玩她自己的，對照鏡子沒什麼興趣。我enjoy從鏡子裡看母親化妝。她喜歡一邊夾睫毛，一邊用她棕褐色的深眸對著鏡子，從鏡子裡看著我說話。

「你和妹妹兩個人有這麼長的腿，又那麼直，都是來自我Amy Mong的遺傳。」

她那種充滿自信的語氣和說話的那種神態一直讓我念念不忘。然而當時我們兄妹倆總是嬉皮笑臉、互相擠眉弄眼的也不知道她在說什麼，她才一百五十公分高，怎麼可能遺傳什麼長腿？我們更不覺得我們的腿有什麼特別，直到後來許多人告訴我，我的腿很長的時候，我才想到她當時說的這些話。

其實今天的我有一百八十一公分高，我妹妹近一百六十五公分，我想應該要謝謝我母親吧。她身高一百五十公分，父親一百七十二，我想我們小孩子會長高的原因還是因為母親整天要求我們跳繩的緣故。除此之外，我真想不出還有什麼理由。母親對這方面很注重，以前都會要求我們到樓上跳繩運動，由於我們跳是會有聲音的，她在樓下都聽得見，她還會數，沒有跳兩百下不能下來。有時候我和妹妹跳累了就原地踏步想敷衍她，現在回想起來真是哭笑不得。

父母親是在教書時認識的，兩個都是教英文出身。母親在生了我之後便沒有再繼續上班，所以我功課不好的時候她會非常氣憤，覺得她一切的心血都白費了。她覺得以她的才華與個性，她可以在職場上有一番作為。她常說是我破壞了她的職業規畫。

母親是個非常戲劇化又有一點歇斯底里的人，換句比較現代的話，就是「她很愛演」。

記得小時候有一天吃完晚飯，我們都在客廳看外國歌星湯姆・瓊斯（Tom Jones）的演唱會。母親對他相當著迷，父親那時正抽著菸，而我和妹妹一邊玩跳棋，一邊看電視，我們其實當時也不是看得太懂。湯姆・瓊斯有一頭濃密的黑髮，襯衫幾乎都敞開不扣，鬈密的胸毛襯在古銅色的肌膚上，特別醒目。

當他充滿男人味的磁性歌聲從電視機裡傳來，而我母親還賴在廚房不知在幹什麼。後來父親進去廚房找她想叫她快點出來看節目，母親正跪在地上擦地。

「Amy~」父親都這樣叫她英文名。

「你怎麼這麼久還不出來看電視呢？都播好久了，這不是你最喜歡的呀。」父親很溫柔的說。

「你是沒看到我現在正在擦地嗎？」我母親狠狠的說，還給了父親一個白眼。

「你們幾個吃飽了就直接跑到外面，又沒有任何一個人留下來幫我，也都沒有人叫我，那我就一直擦，擦到你們有人想到我為止！」她越說越氣，嘴唇翹得高高的。

後來我就看到父親慢慢地把她攙扶出來，然後又是送到沙發上，又是替她倒茶捶背什麼的，費了好大的勁安撫，母親這才消火開心了起來。

此外，母親也是個愛哭的人，看到我成績不好都會生氣，也會哭得很傷心。有時我念書睡著了，她發現會氣的掐我脖子，都掐出一個個的指甲印。第二天上學，老師同學都會覺得很奇怪以為發生了什麼事？我都不大好意思說出來。大學聯考我落榜了，自己都沒哭，可是她卻賴在床上嚎啕大哭了好久，全世界只有我外婆才勸得了她。

父母親的感情相當好，父親公司的人都稱我母親是典型的那種「一個事業成功的男人背後，一定有個偉大的女人」。連好多老外都告訴我，其實我母親的英文比我父親還要好，我聽了相當驚訝。父親每天上班，與老外接觸，母親整天在家，就是聽聽ＩＣＲＴ，怎麼可能呢？

母親看到父親慘死後心悸而死是可以理解的，因為他們其實是「鶼鰈情深」，感情很好的一對夫妻。我一直覺得我們只有十八年的緣分好可惜。每當我看到同事說他們的父母親要入住我們的飯店，拿著簽呈來給我簽的時候，在簽名的那瞬間我都感觸很深，因為我也很希望自己的父母能到我服務的飯店看看；我也很希望在母親生日或母親節時買個像樣的名牌禮物送給她；我想請父母去高級的米其林餐廳吃好吃的東西……，無奈心中總覺得遺憾，因為這些想做的事都沒能做到。

2

鋼琴師

我很喜歡在舞台上彈琴，不管下面的客人吃著餐、喝著酒有多吵雜，我都可以很自在地在琴聲中漫遊，不受到干擾。有一晚，我在中山堂附近的西餐廳彈奏鋼琴，我還記得那時我彈的是黃鶯鶯的《留不住的故事》，我往台下黑暗的角落中看去，妹妹穿著制服，背著書包，坐在那兒等我收班，在燭光下，她開心地吃著牛排，她堅毅帶著倔強的臉龐，透著好久沒見的幸福光澤。

小小鋼琴師

九歲那年，父母買了一架鋼琴給我。

一開始是妹妹先學，那時家裡還沒有買鋼琴，我學的是小提琴，但是我不喜歡小提琴，因為脖子會夾得很痛，那時我討厭到還會神經兮兮的把小提琴的弓弦往自己肚上戳，想上演個自殺什麼的搞笑一番，現在想起來，令人啼笑皆非。

其實那時還小的我，對鋼琴沒啥概念，只是想著其他家的親戚都有，看起來也很羨慕，加上也有點想學，所以就提議父母親不如買架鋼琴吧。一開始父親堅決反對，他說我都只會有三分鐘熱度，哪可能真的認真去練什麼鋼琴。

父母親都相當熱愛音樂，可能看到太多人家裡擺著鋼琴沒人彈，所以對買琴這個投資沒有多少興趣。在七〇年代，家裡有一台黑色的YAMAHA直立式鋼琴是很有「水準」，而且是「上檔次」的一件事。我不知道為什麼就是一直吵著父母親要買這個東西（二〇〇二年，我自己在美國買了一台ＹＡＭＡＨＡ的Ｕ３。最大的直立式鋼琴，算是給自己一個交代）。

我向母親苦苦哀求好久，總算她也把我父親給說服了。買回來以後，記得父親看著我不屑的說，「孟孝慶，我就要看看你能彈多久？」但是我卻開始很興奮的和鋼琴老師學了起來。

從小學三年級到六年級，我從老師身上學了很多，父親也很驚訝，我居然還真的持續彈了三年不曾間斷過。

有一次，我們到西餐廳吃飯，那時出去吃西餐可是一件大事情。大部分的西餐廳情調都很好，也有鋼琴。好幾次，我說我想去上面彈彈看，沒想到西餐廳的人也同意。所以有機會去吃西餐的時候，我都會藉機上台表演一番。我不知道這樣做是為了什麼，也許是想讓父親高興，也或許是希望他會對我好一點而討好他吧。

上了國中以後，聯考壓力很大，家裡也不再請老師教我彈琴了，我曾想繼續學，跟家裡說想去考國立藝專，念音樂，結果爸爸認為我瘋了，他覺得彈鋼琴沒出息，要我放棄這個念頭。但我一直沒有放棄，既然沒有老師繼續教我古典的樂曲，那我就自己亂彈，彈一些流行的歌曲。當時小學畢業前的鋼琴老師在教我最後一堂課時，送我一本大陸書店出的《西洋流行歌曲精華》。左手配的是簡單的和絃，右手是主調。於是我的第一首西洋流行歌曲，《愛的故事》就這樣產生了，父母親聽得如癡如醉。

家裡常有外國人來吃飯，都是父親公司的同事朋友。母親燒得一手好菜，老外來家裡吃飯時，我和妹妹是必須在房間裡吃的，不能在外面和大人一起用餐。不過，父親總會叫我在他們吃飯時彈幾首曲子，娛樂大家。我覺得那是我一生中父親以我為榮的唯一時刻，而只要我彈琴能讓父親覺得有面子，我就能感到一絲絲的欣慰。

後來我上了光仁中學，這是一所以音樂班出名的學校，看著念音樂班的同學，其實我內心都會滿羨慕的，因為我只有三年的古典底子，也不可能進音樂班。但是我還是沒有放棄，閒暇之餘會自己去買琴譜來練習，只要每學會一首新曲子，就會覺得很有成就感。

到台北希爾頓彈琴

父母過世之後，我曾很短暫地與爺爺奶奶同住。當初以為會和我母親那邊的阿姨在一起，他們沒有小孩，感情也和我父母最好。但是一句：「你姓孟，孟家的事情必須孟家來做主。」我和妹妹的命運從此截然不同。

反正一切都只是暫時的，我也就無所謂。那時我妹妹已被美國的姑姑領養，準備接她去美國。而我由於過了十八歲，要出國的話一定要先當兵。而我也是不想再考大學了。於是我開始一會兒打零工，一會兒去念念英文、補習日文，打發時間。

當時的我只有高中畢業，能打些零工。我賣過保險、當過補習班的櫃檯、發過傳單，也當過搬運工。那時速食店剛進台灣，我很想在櫃檯賣漢堡薯條之類，「先生，您好，大可一杯，收您五十元，找您二十元。」一直很希望有機會說這些，但是就是苦無機會。也不知怎麼的，或許我年紀太小或還沒當兵，那些速食店就是沒有人肯用我。

有一晚帶著妹妹去親戚家吃飯。他們問我們：

「在爺爺奶奶家住得如何，吃得習慣嗎？」

「還可以，但是東西不是太好吃。」妹妹說完夾著一尾蝦子，正準備往嘴裡送。

「你們爸媽都死了，有東西吃就不錯了，為什麼還要挑剔？」親戚冷冷的說。

妹妹用筷子夾起的那個蝦子，就僵住停在嘴邊，我猜她是猶豫著該不該把它放進嘴裡。我那時就想著妹妹還這麼小，說的只是她的真實感受，怎麼親戚們好像就很不高興？

我突然想要自己帶她去吃西餐，吃牛排，就像父母親還在的時候一樣。我也好久沒吃了，我也想吃。

有一天在松江路附近走著，突然看到一家法式的西餐廳，我突然想到，以前小時候在西餐廳表演的我為什麼不能現在開始靠這個賺錢？於是我就進去問他們有沒有要找鋼琴師，很幸運的他們還當真有在找，當場我就現場彈了幾首，老闆也喜歡，馬上錄用，還可以晚上在餐廳吃飯，這個待遇實在太好了，我欣喜若狂。

找了一家之後，我還妄想學別人一樣趕場。後來我又在另外一家靠近中山堂的老牌西餐廳，也開始表演起來。那時我的名字還會出現在餐廳門口的海報上，一副很專業的模樣。

那家餐廳翻修後的確是大多了，妹妹下課後都會直接來這家餐廳找我，那裡的經理人很好，都讓她在餐廳裡吃飯，我就在上面彈我的鋼琴，接受點歌，收我的小費。那時我很多音樂都是用耳朵聽聽就能馬上彈出來。許多新歌，電影音樂一推出，我在家稍微嘗試一下就可以上台表演了，所以很多客人對我都很滿意。

但是家裡的爺爺奶奶總是認為我是在上夜場，懷疑我在這些餐廳裡賭博喝酒。我都不知道他們是怎麼想的。我心想又沒做任何壞事，自己憑著本事賺錢，還要每天被嘮叨，心裡總是覺得很鬱悶。

那時靠著自己打電話到餐廳或進餐廳去應徵彈琴對我來說已不是什麼難事。有一天在台北車站，看到希爾頓飯店就在對面。我毫不猶豫的進去問哪裡有鋼琴，我要如何去面試。希爾頓是沒有中庭的，父母親在世時我們也有來過，有鋼琴的地方就是在黑天鵝酒吧內，還有Trader's Grill牛排館裡。我要到了餐廳經理的電話，他叫我隔幾天去面試。

我覺得我的時間真的是掌握得太好了，那天下午有其他四個鋼琴師面試，兩個年紀稍大的，雖然彈得很好，但是聽起來感覺很通俗，看他們彈琴的樣子感覺很流氣。另外一個比較年輕，我記得她長得非常漂亮，我覺得她應該會被錄用。那時候齊豫剛出了一張英文專輯叫《Story》，我選了一首在她專輯中的經典美國歌《*Windmills of your mind*》，然後很用心的彈了起來。

兩天後，希爾頓飯店的餐飲總監打電話給我，通知我被錄取了。

每天晚上上班時間從七點到十一點，一個晚上三千元台幣。並且可以在幾個餐廳中隨意用餐。我真的是太高興了。三千元，好多錢啊……，於是我就在希爾頓飯店二樓的Trader's Grill開始了我的另一篇鋼琴師的生涯。

在希爾頓是很快樂的，那時候與餐廳的每位同事關係都很好，他們也似乎都很享受聽我彈琴。但是相對的我也必須每天花上一定的時間一直練琴，因為每晚四小時，曲目是一定要變的，如果沒有變化，我也會彈得很痛苦。後來我有機會問餐飲總監我是如何被選上的，他簡單說了一句，因為我看起來像個華岡藝校的學生。從那時開始我就覺得給人的第一印象實在是太重要了。

我非常珍惜在希爾頓彈琴的日子，對我來說是個相當好的機會。許多同學也很羨慕我能賺到那麼多外快，而且還可以每天都在大飯店裡吃東西。

印象中最深刻的一次是金馬影后陸小芬來用餐。我一直很喜歡她，從《看海的日子》、《嫁妝一牛車》、《桂花巷》等等。

她一坐下來，我就彈了電影《桂花巷》的主題曲，她十分高興，面帶微笑一直往我與鋼琴這裡看。那時桂花巷才剛上映不久（一九八七），可以看得出來她十分地訝異。

後來我也在中山北路的老爺酒店兼職，彈鋼琴的日子真的是很快樂。後來我在金門當了兩年兵後，又回到了希爾頓。

本來想乾脆就這樣一輩子彈下去，將來攢了錢開個Piano Bar，但是想到妹妹已在美國，都快要念完高中準備申請就讀大學了，我卻還只是個高中畢業生而已。我突然想到以前和父親說彈琴可以賺錢生活，父親卻訓斥我「那就只是個洋琴鬼」的話，我想著現在還是像個學生，但五年後，十年後呢？我會不會開始也俗了？流氣了？沒有學生那股清新樣兒了？年輕時在公開場合彈琴似乎很酷、很風光，但是我是不是一輩子都是只有娛樂別人的命呢？二十年後，難道我還是在台上彈琴給別人聽？或是應該是別人彈琴給我聽呢？

於是我下定決心，我不甘心一輩子就只當個琴師，我也想要去美國闖一闖，去看看外面的世界。

不管以後是不是還會當鋼琴師，但是對我而言，彈琴是一件我人生中很重要的事，不論在何時何地，發生任何事，我明瞭只要有琴聲相伴，就能讓我有勇氣走下去。

對妹妹說不出口的……

發現父母意外身亡的瞬間，一陣天昏地暗，我在幾分鐘內不省人事，清醒時一切難以挽回，懊惱悔恨襲上心頭，悔恨的是自己為何以前都沒能來得及為他們做些什麼，懊惱的是為何事情會來得這麼快，讓人措手不及，當我都還沒意會過來到底是發生什麼事情，他們的生命就在瞬間嘎然而止。

瞬間失去所有，但是日子還是照樣要過，一樣要呼吸，還要裝做若無其事的持續過著如常的生活。我的人生彷彿變成一張白紙後，十八歲的我還不曉得要如何為它再塗上顏色。

有好幾週我都陷入惶恐中，每回閉上眼睛就覺得靈魂像似抽離身體。此外，我也有點自責，如果沒有重考大學，母親也不會被我氣到神經衰弱，會不會因此避免悲劇的發生……，如果沒有一直讓父親生氣會不會……，但是那一場意外，我無力挽回，我沒有能力讓時間倒流。

全家人生活在同一屋簷下的記憶浮現，雖然有很多時間家裡是風風雨雨，但是父親、母親、妹妹和我，還是緊緊黏在一起，但是現在父母沒了，家沒了，我只剩下妹妹。

有段時間，我覺得自己很輕鬆，什麼都不想做，聯考也不肯考了，以前努力是為了父母，現在父母親都不在了，就算考上好的大學也沒意義。我心想著就這樣渾渾噩噩過日子算了，反正再也沒有人會管我了，生活就此空白算了。

是該走出悲痛，重新振作起來了，我決定要整頓生活，重新開始。

我其實是被迫在一夕之間長大，親戚間無情的指指點點，殘酷的閒言閒語，都讓人無法忍受，對於家中遭逢巨變的我們，不是應該更多的包容和擁抱嗎？但是我感受到的卻不是這麼一回事，現實更加重了我一定要好好活下去的決心。

雖然那時我才十八歲，也算是一個成年人了，但是我的心智還像個小孩子一樣，因為以前父母親是把我和妹妹照顧保護得很好，我可以算是不食人間煙火的那種人，所以遭逢巨變自然無力招架，而小我四歲的妹妹，應該是更無能為力吧。

只要我心情低落時，便彈琴抒發，當指間在黑白鍵上飛舞著，我便可以沉澱安靜，那些時刻一部分的美好回憶就會回來，以前父親對我讚賞的眼神、上揚的嘴角總帶給我短暫的喜悅，讓我覺得自己被看重，我懷念那些片段，想念的面貌。

我真的是喜歡在舞台上彈琴，不管下面的客人吃著餐、喝著酒有多吵雜，我卻可以很自在地在琴聲的曼妙世界中漫遊，不受到任何干擾。有一晚，我照例在西餐廳的小小舞台彈奏鋼琴，我還記得那時我彈的是黃鶯鶯的《留不住的故事》，我往台下黑暗的角落中看去，妹妹穿著制服，背著書包，坐在那兒等我收班。在燭光下，她正開心地吃著牛排，她小小的臉龐，透著久違了的小小幸福的光澤，我突然很有感觸，自從父母親死後，我不知道是太壓抑或是偽裝堅強，我絕少掉淚，我不想別人看到我脆弱的那一面。

我想起了以前的美好時光，每到週末，父母親就會帶著我和妹妹去圓山飯店的俱樂部消磨一整個下午。父母一起去打網球，我和妹妹就在泳池游泳跳水，我躺在池畔邊的躺椅，吃著巧克力冰淇淋、總匯三明治，等待夕陽西下後，全家人再到俱樂部餐廳去吃蒙古烤肉。當星光冉冉升起，一家人共度美好溫暖時光，那畫面十分溫暖。

重新振作之後，盤旋在腦中的那些不甘願和悲情，竟然就慢慢地消退，我又恢復到以前那個很樂觀、勇往直前的孟孝慶。

就在我快入伍的前幾日，妹妹被美國姑姑領養的手續也已辦好，準備出國了。在送妹妹到機場的那一日，我都不太說話，或許是對即將到來的離別感到感傷，我事先錄了一卷錄音帶讓她帶去美國，裡面有許多我喜歡的歌，想對妹妹說的話有點不知如何開口……，我希望她在美國聽到這卷錄音帶就會想到我。

送機那一天，我們開了兩部車到機場，我沒有和妹妹同車，車子飛馳在高速公路上，我的心情百感交集，還是很捨不得，畢竟是一起生活成長十幾年的親妹妹，我想到前一天晚上在她房間看到一封信，我想著她應該還是有話要對我說吧。

這樣也好，在國外有姑姑一家人替我照顧妹妹未嘗不是一件好事，雖然被迫分離有點傷感，但是妹妹的嶄新未來就在不遠處等著她，我應該高興才是。

對於妹妹，我真的有好多話想說……，但是，看到妹妹一副淡定無所謂的樣子，我就又說不出口。當她離去的背影慢慢變小，倔強的她竟一次都沒回頭，我想妹妹在漸漸變堅強吧，她已經比我堅強很多⋯⋯

那個倔強的背影也讓我想起來，有一次妹妹慫恿我和她一起偷抽父親的香菸，被父親發現，把我們趕出去。我和妹妹一起窩在樓梯間等父親消氣開門，但是過了幾個小時，父親還是不肯開門。這時，妹妹突然拂袖離去，留我一人獨自癡等。後來，父親還是開了門，而此時妹妹正好回來，我們以為她要回家了，沒想到她只是回來拿傘，因為那時外面下雨了，拿完傘，她一溜煙又跑走了，我對著那個離去的背影想了好久，我的妹妹就是有膽量做我不敢做的事情，她脾氣又倔又拗，跟我不同。

送完機回程途中，我問妹妹的同學說，「Mxy是不是有什麼東西要你們轉交給我？」她的同學說沒有，那時我納悶著，不是應該有一封信是她寫好要給我的嗎？我又追問著，這時妹妹的同學才跟我說：「你說信嗎？那封信是她要交給一位學長的。」聽完後我有些失落，滿心期待她還是有些話想要對我說，但是卻什麼也沒有。

我想不管妹妹能否瞭解我的心意，就讓一切盡在不言中吧，再會了，Mxy，努力去追逐妳的夢想吧，我們很快會相見的。

3

當兵

我的生命在十九歲那年發生巨變，報紙上社會版的新聞發生在我的身上。一切都太戲劇化了，我一時不知道如何去面對這一切。當時的我也等著入伍去當兵，當兵至少是一個很明確的目標，對當時的我來說，是件好事。而在當兵的那段日子裡，我覺得很真實也很快樂，而重要的是，我學會自在的做自己，為自己而活，那是一種成長。

大頭兵

「血濺關東橋，淚灑車輪埔。」那是大家要前往新兵訓練最害怕的魔鬼地點。我是怎麼去關東橋的印象已很模糊，只記得我收拾了背包，站在人群中，心裡很緊張。印象深刻的是看到一堆人淚眼婆娑在月台上送行，有一些看起來是夫妻或男女朋友，他們就如同瓊瑤劇中的林青霞和秦漢，不捨地在離情依依中話別。我那時才驚覺這些跟我同齡的男生有的真的好早熟，都結婚或有女朋友了。

我是自己一個人獨自前往關東橋，那時心裡忐忑不安，但是對於當兵卻又充滿了好奇。將要面臨的會是什麼樣的生活，真的是所謂的既期待但又怕受傷害。記得父親在世常跟我說：「孟孝慶，你考不上大學就要去當大頭兵！你看你那個樣子，鐵定會被操死，所以你還是好好念書吧。」聽他這樣反覆不斷地講，真的搞得我神經很緊張。我還記得自己小時候最害怕的兩件事就是：一是父母不在身邊，二是當兵。很不幸的第一件事讓我碰上，而當兵是第二件，我在心中想著，反正都已經這樣了，現在這第二件來了也真的無所謂，妹妹也已被接出國了，到美國念書，我一個人是沒什麼好牽掛的，所以如果當兵發生了什麼事也沒什麼好遺憾的了。

魔鬼收心操

新兵訓練三個月一眨眼就過去了，第一個週末家人可以來探望。我那時和其他的阿兵哥們還不太熟，也沒有家人來看我。只記得第一個週末我是一個人坐在寢室床上一遍又一遍地擦著我那雙軍靴，彷彿等把軍靴擦得亮晶晶後，或許就有人會來探視我似的。擦著靴子的我心情很複雜，從擦得極為光亮的靴子我看到了自己的三分頭倒影，挺有意思。再者看到其他同班的阿兵哥們，他們的家人都帶來好多好吃的東西，心裡真是羨慕不已外加口水直流，看到那些滷雞腿、雞翅、海鮮炒麵、米粉、魚丸湯……。這些都是在新兵訓練中心不可能吃到的美味。

那些小吃讓我突然想起我母親，母親的廚藝在家人中是出了名的。如果她現在在的話，帶來給我吃的東西一定會讓我很風光。但是我又和其他阿兵哥們不熟，只能眼睜睜的看著，最後實在是受不了就回房擦鞋去。許多人剛當兵時可能會因為想家人而躲在棉被裡哭，但是真的讓我覺得自己很可憐兮兮的事情，就只想吃好吃的東西而已，並不是什麼想家人或女朋友之類的。

我記得星期天家長朋友們都回去後，突然連上班長們對我們大喊：「你們全部給我們下來集合！」我們幾個留在寢室的新兵還彼此對望著，不知道現在到底是要怎樣了？為何突然要集合？然後又開始叫我們做體能、跑步，原來這個就是所謂的「收心操」啦。記得那些班長們還講了一堆很難聽的話，像是：「你們欠操……」「你們都舒服過頭了，一天夠爽了吧？」「現在不操操你們，明天看你們怎麼活下去！」當時的我很不甘心，我根本就什麼都沒玩到、吃到、也沒人來看我，我幹嘛也得要跟他們一樣做收心操？我不是一直在寢室裡擦鞋嗎？晚上我躲在被窩裡恨得牙癢癢的還掉了些眼淚。

這樣也好，每個人在新兵入伍三個月時都要像在傳說中的半夜躲在棉被中哭一下，我也不能例外。

洪班長

我的爺爺奶奶都是虔誠的基督徒，新兵報到時他們在我包包裡塞了本《聖經》，叫我有空就要常常讀，會「有主在我心中」，「神也會保守我」。

有一天，幾個班長來翻我們的櫃子，把裡面的東西全部扔出來。那本聖經不小心掉出來了，長官們竟嘻笑怒罵地對我說：「你以為聖經可以救得了你嗎？

你以為你的神可以保護你嗎？」然後把我罰了幾十個伏地挺身。我呆呆看著這些人，不知道是要鄙視他們還是害怕他們，因為實在是不可理喻的一些comments，我也不知道該怎樣應對這種人。

我那時也真的不怨誰，反正一切都是我的命，我倒想要看看我還會慘到什麼地步？當時覺得命運真是很捉弄我，人生碰到的第一個波折一來就來個最大的，父母的意外驟逝，一夕之間家破人亡，應該沒人比我更悲慘了吧！那一段時間我根本不知道如何面對這一切，驚嚇到如同行屍走肉一般，沒有情緒，不知道如何傷心，也不知道如何流淚，不知道……

好不容易當兵轉移了我一些不安情緒，現在又無緣無故地要被操。

其實父母在世時，我是個很依賴、懦弱，又很多愁善感的人，眼淚常動輒滴答滴答個不停。但遭逢家中巨變之後，不知道是認為很多事都不必太在乎還是如何，我反而顯得淡定不少。這一切都太戲劇化了，從小我就一直活在自己幻想的世界裡，而且跟我母親一樣是個很愛「演」的人，為了面對殘酷現實的這一切，我乾脆就把自己放在另一個只有我和一些虛擬中喜歡的人在一起的地方吧！這樣或許就能更開心些？人生會好過一些？

做完伏地挺身，那些班長們又操我做交互蹲跳，那時有一位洪班長不知是佛心來著還是怎樣，突然叫我停下來，他說不用再做了，他看著我的眼神裡似乎起了些憐憫之心，可能我當時已經做得累到不行了吧，再下去應該會癱在地上。

「你還好吧？」他用他很大的眼睛直視著我說。我彷彿都可以從他深邃的瞳孔看到我自己。

「報告班長，嗯。」我面無表情，一副行屍走肉的樣子。

「起來！」他說。

我慢慢地從地上爬起來。但卻給了洪班長一個哀怨無辜的眼神。我本想再演個體力不支的戲碼好昏倒在班長身上，但最後做罷，想著：「留著下次吧！」

「你看你，趕快收拾收拾，地上都是你的東西……」

「是的，班長。」我暗暗竊喜，終於有人看不過去來救我了。

「上個星期天我注意到你了，好像沒有家人來看你？是嗎？」他用一種很體恤的溫柔聲音問我。

「報告班長，我父母一年多前就都死了，不會有人來看我。」我悠悠地說，趁機想要用這個事實來博取他的同情，希望以後日子會好過一些。

「嗯，是這樣喔……」他停頓了許久，繼續用一種驚奇的眼光看著我。我低頭不語，偷偷的瞄了他一下。

「那我以後拿點東西給你。我家人星期天也會來看看我。」他以充滿安慰的目光對著我說。

「謝謝班長。」

從那時開始的每個星期日，雖然我還是照例待在寢室，坐在床上擦我的皮鞋。但是這位好心的洪班長總會拿一些東西給我吃，所以我一直都記著他。

金馬獎

在新兵中心放假時，爺爺本想用關係讓我去考藝工隊，我去藝工隊考試時還記得是包小松或包小柏看著我彈琴，他們聽完後說我的表現進藝工隊沒有任何問題，但是前提是必須抽籤抽到台灣本島，萬一抽到外島也是沒轍，誰也幫不了我。我當時聽了沾沾自喜，想說太好了，本人應該不會那麼倒楣抽到外島吧。沒想到三個月後抽籤時，我還真抽到了一個人數最多的地方，最後才知道是我每年必看且很沉迷的「金馬獎」。我很迷金馬獎，很懷念當時的台灣電影，陸小芬的《看海的日子》，楊惠姍的《小逃犯》、《玉卿嫂》、《我這樣過了一生》，姚煒的《金大班的最後一夜》……。那時我常沉迷在這些電影中。只是沒想到當兵還真的抽到「金馬獎」。

當我們都還不確定目的地是哪裡，就一堆人匆忙背了背包上火車。在從部隊中心前往車站的途中，不能打公共電話和家裡人聯繫。我想找我的洪班長，告訴他我要離開了，但大家被趕得手足無措，完全就是如《滾滾紅塵》電影中的那種逃難模樣，一陣兵慌馬亂。在往高雄的途中還有人天真的妄想會到高雄兵工廠報到，但那時我早就猜到應該凶多吉少，看樣子金門是逃不了的。

我也不記得到底是等了幾天，只記得要上船的時候，一堆人跟在阿兵哥後頭哭哭啼啼的，或許是因為大家都說在金門、馬祖當兵很危險吧。而我反正已無任何顧慮，妹妹也已經去了美國，自己今後的際遇如何似乎也沒有什麼差別了。

上了船後，我記得我找了個王子麵的小紙箱把它攤開來鋪在甲板上，然後就躺下來，昏昏沉沉過了兩天，開始我一年九個月在外島「看海的日子」，那時只有自己在幻想之中存活才讓我比較能夠看開一切。

我記得有天在船上看著海上的夕陽有一種孤寂淒涼的感覺。當船快靠岸，我內心的焦慮還是浮現了出來，真不知道未來會如何？我在心中想著，但是還好，自己不是一個人，身邊還有那麼多跟我一樣年齡，來自四面八方的阿兵哥們陪著我。

到了金門後，我被選到了一二七師三八〇旅，旅部連。不知我為什麼會被分到那裡。據說旅部是比營部、連部都要來得好的地方，之前也聽說有個很恐怖的「精誠連」，好像是訓練蛙人的，聽說會操到嚇死人。一下金門，便有人要我們寫寫字，好像是要看我們的字體如何進行某些職務分配。

分配完後，我們坐上卡車往深山裡開去，那夜月黑風高，煞是可怕。金門晚上是宵禁的，伸手不見五指，眼前一片漆黑，什麼也看不到。我的心裡頓時感到前所未有的孤獨與茫然，會被整嗎？會被操死嗎？會被水鬼抓走嗎？會客死他鄉嗎？好多疑問，我看著天上皎潔的月亮，彷彿在黑夜中指引著我，就像連續劇那樣，這樣似乎都會得到些許安心，但是在一片黑暗當中這似乎也起不了任何作用。

到了營區之後，馬上晚點名，之後新兵都被留下來做體能。晚上，睡覺後又被叫起來，真搞不清楚我們做了什麼壞事需要這樣，也或許這便是給我們的「下馬威」吧。

第二天早上，又是跑五千公尺和鍛鍊體能。我本來就不是什麼運動健將，以前高中體育課我都是自願幫班上同學看衣服的那一位，怎麼可能跑得完五千公尺？但是我第一次在金門跑的時候還都跟得上隊伍，奇怪的是我並沒有漏隊。人的潛力真的是可以被逼出來。或許是之前有人警告我說跑不完，漏隊的，都要用青蛙跳跳回來，還可能用卡車把你用繩子綁著拖回來，我聽到後嚇出一身冷汗。其那時連上的其他阿兵哥似乎對我還有點好印象，因為這個新兵至少還會跑步。其他跟不上的不是蛙跳就是交互蹲跳，我心想這樣算是個好預兆吧。

我們旅部連連長姓章，長得十分英俊挺拔，眉宇之間和父親有些神似。他看我表現不錯，又比其他大頭兵們聰明懂事又會跑步，整體表現大致上也不錯，於是便把我送到「譯電班」去培訓。那是一個很多人求之不得的好缺。但我竟不知天高地厚，去那裡兩三天後，長官說：「不想在這裡的，嫌這裡太累的，都馬上給我滾。」因為那時在訓練的時候有五百障礙，其中要爬杆，我真的爬不了，太瘦了，胳膊又不夠粗，所以我舉手表明我想回去原來的旅部連，反正你們既然都這樣問了，那我也就實話實說。

那時的長官看到只有我一個舉手，他覺得不可思議，怎會有這樣的笨蛋，那可是每個人都想來的單位呀。

紅牌總機

回到旅部後，我被一些很壞的老兵們給立刻盯上了。他們說我有那麼好的機會卻不珍惜，還拿翹，丟大家的臉，他們要讓我嚐嚐「不知好歹」的後果。我又是一陣被操的死去活來。但是我想想我還有二十一個月要在這個鬼地方度過，得要好好的活下去，不能每天就是被人亂操一把。我一定要「紅」起來，因為在部隊裡你絕對不能「黑」，一黑就沒戲唱了，全部人都會緊盯著你不放。這就好像我們現在看的《甄嬛傳》一樣，任何小主受寵，前朝後宮都要對她畢恭畢敬，但某天只要皇上一冷落你了，根本就沒人要搭理你。

還好連長對我很好，連長是一個很好的長官，他有一身充滿陽剛的軍人氣質，銳利的眼神中充滿正義。有一天他問我：

「為什麼要半途而廢放棄回來？」他用非常標準的國語問我。

「報告連長，我不大會爬杆，我覺得我可能過不了五百障礙那一關，所以我就回來了。」我一個一個字慢慢說，據實以報，聲音有點抖，我怕他對我失望，把我打入冷宮。

「嗯，那你想做什麼，這麼好的缺都不幹，其他連上的工作可是很苦的你知道嗎？」

「報告連長，對不起，我聽從連長的安排吧，是我笨，辜負你的好意。」

「那你去做總機吧，好好學，這次別再搞砸了。」我用驚訝又充滿感激的眼神望著他，他吐了一口菸，從那煙中我看到他閃亮又銳利的眸子。我心想我得好好做，報答他。我要讓他繼續對我好。這樣我在這個連上才不會出事。

總機實在是個好玩的工作，我一下就能上手，尤其我的手指是彈鋼琴的，我自認為我的手指絕對能拍戒指廣告，以前我看到別人的手指短短胖胖如甜不辣似的，都會看著我的手沾沾自喜，但是操作這幾個稱為ＳＢ２２的機子時，兩手同時動作的過程中真是特別好看又靈活。我記得是一堆插銷，共有三十幾個吧。一個單位／軍官就是一個匣子，只要哪個「匣子」亮燈了，我就要把我的主線插入那匣子的孔裡，問要接哪裡，然後看級別大小決定是不是可以直接將那個匣子的插銷拔出，插入要轉接的孔中，或是要先問另一接聽方：「報告旅長好，XXX連長請講話。」

我真的太熱愛我的總機工作，第一它可以讓我躲掉許多晚點名或早點名，第二可以讓我認識好多高級的軍官，如旅長、政戰官、後勤官、作戰官，有「校」級甚至到「將」的級別。雖然有各個不同級別，章連長的是上尉，但是我會永遠以保護他，照顧他的所有電話為優先。

我記得我的旅部代號是「鹽井」，師部的代號是「長春」。那時總機們好像都在比賽誰的聲音比較娘，誰的聲音比較好聽，誰的動作比較快。但是師部總是比旅部大，所以只有他們要求我把我們旅長找出來，因為師長要找。我記得如果師長要找旅長的話，「長春」會說：「請找你們旅長，」我會搖我們旅長，等他答應後，將他和「長春」連在一起，「長春」的總機也要去搖他的師長，「報告師長好，三八〇旅長請您講話，」然後最後總要接上：「請講！」最後那兩個字「請講」，每個總機的聲音都是娘到不行。真的不知是怎麼搞的，不過那樣的較量還挺好玩的，也讓我的外島當兵生活更添「苦中做樂」的趣味。

抽菸、喝酒都是在金門學會的。在總機裡做久了後跟許多旅部的軍官也熟了，他們也常常打到總機和我說個幾句，家常一下。有機會的時候我都會很關心這些和我通話的軍官們。有幾個軍官在外面有女朋友的都會要求我幫他們轉接電話。甚至有時他們喝醉了，我也會陪他們聊聊天，所以他們都對我很好。當然有時我晚上沒有值班時還是要到連上參加晚點名，做體能。但有時班長會接到通知說某某軍官叫我上總機去，或找我有事陪他們喝個幾杯。從那裡我也知道了很多軍中八卦，例如，有阿兵哥醉酒後剁手指逃兵的，那個手指還裝在玻璃瓶裡；哪個軍官跑去八三一裡被女朋友抓到……

那時其他連上老兵也就慢慢瞭解不能對我太無理取鬧，因為我可是有一些重量級靠山，所以我在連上的生活也是慢慢好轉起來。但我還是盡量低調，並沒有一副跩個二五八萬的樣子。我給大家的印象就是乖乖巧巧的，不會惹是生非的那種乖乖牌。

我只知道，我必須好好的在我的外島軍旅生活中存活下去。

合唱比賽

那年在過年時，我和章連長說我可以去找個鍵盤彈彈琴，還有其他連上的人會打鼓，我們可以在大家吃飯時娛樂大家，給大家吃飯時助興。他說這個主意很不錯，對我會彈琴的事情他也很訝異。我可是希爾頓琴師呢，當然得好好表現。

後來我很會彈琴這件事被許多人知道了。政戰官有一天告訴我請我去金門的一個當地小學訓練合唱團，因為他們馬上要去參加比賽了。

原來這個學校在這個金門區的合唱比賽從來沒有得過名。我想反正又是個很好的機會，可以多做點事也是好的。我穿著我的軍服，騎著腳踏車去學校報到。

看到一群小朋友們，天真可愛的樣子也是滿好玩的，但是也有恐怖邪惡的一面，有時唱著唱著就不知怎麼搞得一群小孩打起來，扭成一團。那是我第一次接觸到小朋友們，也沒有經驗，只能大聲喝止他們。

有一天，當我帶著這些小朋友們通過操場到音樂教室時，大陸的飛機突然在天空中盤旋，警報聲陸續作響。這些小朋友們嚇到不行。大聲喊著：

「老師，現在該怎麼辦？老師我們要怎麼辦？」

「老師也不知道怎麼辦啊！」穿著軍服的我驚慌的想著，不敢說出來。

只能叫大家排好隊趕緊跑到防空洞裡避一下。就在那一刻我心裡又覺得命運又要來挑戰我了。在這世界上還是有許多事情是我無法控制，只要飛機投下一顆炸彈後，就什麼都沒了。

好在一切平安無事，警報解除後我們又繼續練習唱歌。我一邊彈鋼琴，一邊替他們伴奏，就希望他們能得個好名次。當時的我就很有想像力。一般的合唱比賽所有唱的人都是站在台上一起唱。我為了招人矚目增加評審的注意力，就先把一部分的歌曲變成獨唱，然後選出獨唱的這個小女生就讓她站在我的鋼琴旁邊，手放在我的鋼琴上，這樣就很有唱聲樂的那種非凡氣勢。

比賽完了以後，我比這群小朋友們還緊張。最後宣布我們在所有參賽的小學裡獲得第二名的成績！這是他們從未獲得的榮耀。這是我一生中一直覺得很得意的一件事情。

因為我堅信凡事一定要做的「與眾不同」敢「勇於創新」，才會被注意到，這也成為我之後做事的基本原則之一。

丟手榴彈

時間慢慢的過去了，有些事情躲也躲不了。例如我害怕的五百障礙，但是連上的這些班長們都比較包容了。不再特意的亂找我麻煩。還有我最害怕在連上練習刺槍術，以前在高中上軍訓課時，同學都笑我刺得和崔苔菁唱《愛神》的動作差不多。因為刺出去的時候那個腰要扭一下，臀部要突出才會好看。不知我是扭過勁兒了還是怎麼的，每一次我刺出去之後大家都會笑成一團，好像我是在表演。丟手榴彈時也是搞得我一整個很不好意思，因為我實在就是丟不遠。每個人好像都可以丟個三十或四十公尺，甚至有五十公尺還是個滿分。但是輪到我就不行了，怎麼丟就是不到十公尺。

「孟孝慶！你這樣丟我們全部都會被你炸死！」英俊的章連長從我對面對我

大喊著。

「你有沒有玩過棒球？」連長跑向我來，問了這麼一句。

「報告連長，從來沒有。」我用可憐兮兮的聲音說著。

「啊？來，那連長示範一次給你看，你就照這樣去練習！知道嗎？」

「四十六公尺！」連長一丟，那一頭報出漂亮成績。

「看到沒有？就是那麼簡單！」哇，真是太神奇了，我看得頭昏眼花，怎麼可能會這麼厲害，他的手臂是什麼做的？可以丟到這麼遠？

「該你了，加油！」連長說。我不好意思的把假的手榴彈拿起來，努力的模仿連長英勇的姿勢，不能讓他失望，再怎麼樣也要丟到及格，三十公尺。我奮力一擊，希望有個好成績。

「八公尺！」

「孟孝慶！你真是他媽的！我們又全都被你炸死了。」連長咆哮的語氣似乎有些笑意。

「報告連長。嗯……！」我滿懷愧疚的不知該說些什麼。弄得他們真是哭笑不得。

好在跑五千真的救了我，因為我後來越來越會跑，基本上都能在二十二分鐘之內跑完。還一邊可以推別人，讓別人雖然快跑不動了，但也能繼續完成。那時的我還可以一邊帶領答數，一邊跑，最後還推人。連英勇的連長有時也需要我推他。但我非常的樂意。因為他對我太好了，他可不能漏隊。雖然連長在我心中是完美的，但人總是不能十全十美吧。甚至連一些比我老的兵我都去推他們，雖然他們之前也操過我，但這樣我反而更是要幫他們。

我要能在連上平安的過日子，把這二十一個月平安的過完就是我最終的目標了。

很快地一年九個月過去，每天在軍中的日記倒數也從兩百多天到了二位數字；我也即將退伍，在當兵的這段日子，我沒什麼機會彈琴，但是腦中還是會經常有音符湧出，時而悲傷，時而輕快，又時而溫暖平靜，我的心中也和這些腦海中的旋律一樣，有時孤單、徬徨又茫然，有時溫馨平靜，但是退伍之後要去哪裡呢？爺爺奶奶也搬到美國去了，我是不可能再回到其他親戚家裡的。因為他們告訴我：「你姓孟，這是孟家的事，必須由孟家來安排，不是張家。」那句話總是在我腦海裡，雖然父母在世的時候我們是和母親這邊的親戚走得比較近。

回憶帶著如月光般朦朧不真實的陰影，但是我在金門的每一天雖然累卻是很真實的，以前很多事的意義都是別人賦予我的，「加諸」在我身上的，但是在軍中，我慢慢感覺到，我已經可以開始做自己，為自己而活，那是一種成長。

我也深刻體認到，即使在軍中我也不必偽裝堅強，只要忠於原來的自己，表現出原本的自我，找到自我的認同感……，不要太過在乎世俗的觀感，自在開心做自己最重要，因著當兵的磨練，我也益發地有自信，原來正面樂觀的我，到哪裡都可以很受歡迎，很被喜愛……，因著這樣，我越加能肯定自己。

當兵，讓我擺脫煩惱，振作起來，在軍旅生活的所遇、所見、所聽、所做，所有事情，都漸漸有了秩序和輪廓。

我帶著我身上僅有的兩三千塊，飛機從金門抵達高雄，我坐野雞車到了台北西門町，一個讓我熟悉的地方。我走了走，逛了逛，似乎又找到了另外一種不同的歸屬感。我在台北車站附近找了個小公寓，退伍前有和希爾頓聯絡希望能繼續彈琴，他們對我也真的是夠好的了，所以我又回到老地方繼續我的鋼琴師生活。

4

大學

我在美國讀大學讀得挺開心的，成績也過得去，我主修「酒店管理」，因為我在大學時期慢慢覺得我是應該做服務業的，因為當我看到別人因為你而開心是件讓我很享受的事情，我很想當可以帶給別人無窮無盡歡樂的那一種人……

當完兵之後，我又回希爾頓彈琴，彈了一段時間，我有在思考該不該這樣彈下去。

我心想著，現在二十出頭別人看你在飯店彈琴覺得你像學生，很有藝術氣息，感覺還挺不賴的。但是十年後呢？二十年後？一直這樣彈下去嗎？經過左思右想後，我覺得該到美國去念大學，畢竟父母親臨死前我還在補習班上課，我若不念個大學對自己或天上的父母無法交代，雖然我本身並不太愛念書，但是對美國還是有一份憧憬。

南伊利諾大學

而Mxy當時也在美國一段時間了，她都快要念大學了，我也很想見她一面。

雖然父母在世的時候，我英文也是很敢說個幾句，和老外打交道還勉強過關。但是要去考託福，然後申請大學，那又是完完全全的另外一回事了，難度太大。

我記得當時在報紙上有看到那種先去美國大學學語言課，然後再繼續升學的方式，於是我就選擇了它，接下來的四年我就是在美國南伊利諾大學（Southern Illinois University at Carbondale）度過的。

我記得要離開台灣時，心裡是既興奮又難過，那種感覺五味雜陳。

我提著兩個箱子和幫我辦手續入學的宮小姐上了飛機。我是先從台北飛到漢城，漢城再飛底特律，底特律再飛聖路易市，再坐車到學校。整段路程有二十多個小時，我不知道為什麼一路從台灣哭到了美國，哭哭睡睡的，陪我同行的宮小姐走過來拍拍我說：「Jerry，記住，從現在開始，你不要回頭看，只要向前看。」這句話我一直記著，也成為我後來人生的座右銘。

因為，我知道如果我總是覺得自己可憐，為自己找理由而無法去做這個做那個，那我一生不就會很無趣也很無助嗎？我不能當這種自怨自哀型的人……

因為總是有許多人說，「因為我成長的環境是怎樣怎樣……所以我的個性就是這樣這樣……」、「因為我從小被家裡打，所以我就變成這樣……」這些推諉的藉口我覺得不合理，我不想成為為失敗找藉口的人。

我算很幸運的了，因為我們還有天母的房子，賣了以後正好還可以讓我和妹妹去美國讀大學，再加上親戚們在爸媽過世時的捐助，四年大學應該是沒有問題的。但是大學畢業後就真的要靠自己了，沒有任何退路。

我不想要抱著陰影過日子，雖然到美國生活條件大不如前，但卻有種說不出來的解脫感，就某種意義而言，重新活在一個嶄新的世界是讓人嚮往與期待的。

燃起新希望，那是我想要的生活。

讓人有自信的學風

美國是一個和台灣完全不一樣的學習國度，我似乎滿快就適應，而且腦子也開竅了，這一點很神奇。

在美國讀大學時，不知道是自己真的想通了，很想念書了，還是怎麼的，成績比在台灣好上太多太多了。

當然一開始也是非常的難，我記得念一頁的書就要花我一個鐘頭的時間，查字典、背單字、弄懂文法等等。大一的時候那是真的整死人，但考的成績都還算可以。不像在台灣，有時念了個半死結果考出來都不是成正比的。

我後來有想過這個問題，台灣有些老師就是喜歡出一些故意刁難的題目，這個心態實在是很奇怪。好像巴不得學生們都要考不及格才好，那不是一種鼓勵的方式，而是一種消滅學生學習動力的壞方法。我記得很清楚，高中時有一次考地理，填充題的答案是「阿爾及利亞」，我寫成「阿爾及力亞」翻譯的音寫錯了，這樣就被扣分？現在回想起來，那時台灣的教育方式真的是有問題，可以用很正面的學習方法都搞成負面的，學生的自信心都被打擊得潰不成軍，那有誰還會想去好好學習呀。

為了將來念完書能繼續留在美國工作，許多人都建議我要主修專業的技能課程，如會計、企管、電腦資訊等等。其實我大一時修了會計覺得還滿有意思的。但是我一想將來每天就在一個小小的辦公室，整天盯著電腦的工作就感到枯燥無趣，我想我的個性並不適合。

我想起了以前在台灣希爾頓酒店彈琴的時候，那些前檯的接待員穿得那麼好看，然後又在那麼豪華舒適的環境下工作，那種賞心悅目的畫面讓我十分嚮往。我也知道雖然主修「酒店管理」有可能將來在美國很難找事，因為它不是很專業的一科，但是只要你會微笑，態度好，那應該是每個人都可以做的行業。

不過我這時也體會到，萬一將來畢業真的找不到工作的話，那我就必須回台灣了。我並沒有做這樣的打算，我一定要留下來，我要看到妹妹結婚。

彈琴自娛兼打工

我很幸運的並不需要打工賺學費，但大三後我也開始在學校附近的一家日本餐廳彈鋼琴賺點零用錢。那是一個韓國人開的餐廳，我可以得到每小時七塊半美金。晚上還可以和他們在廚房一起吃韓國的牛肉湯，我超喜歡把飯泡在湯裡這樣吃，而且在家也就不用自己煮東西了，真是方便，所以也算一舉多得。

當時有好多女客人都非常喜歡聽我彈琴，或許男生彈鋼琴是真的有一種魅力吧。她們都喜歡上來坐在我旁邊，勾肩搭背，還喜歡一起跟著我的音樂哼哼唱唱。雖然唱的南腔北調，但歡樂的氣氛還是不錯的，我喜歡這種歡樂氣息環繞的感覺，不用心情不好，快樂活在當下。

我這時也慢慢覺得我更是應該做服務業的，因為看到別人因為你而開心是件讓我覺得很享受的事情，我想當那種可以帶給別人無窮無盡歡樂的人。

大學快樂時光

在大三、大四的時候，我開始慢慢認識從台灣來的同學們，那時大家常一起做飯打牌。

我的菜做得很好，可能是因為從小母親很會做菜的緣故吧，耳濡目染略有天分。以前他們還在的時候，我們是吃得很好的。我母親的拿手菜可都是叫的出名字的：松鼠黃魚、蜜汁火腿、西湖醋魚、紅燒獅子頭等等。父親只喜歡吃江浙菜，所以母親都是自己鑽研這些知名的菜系。很可惜我已經忘記那是什麼滋味了，畢竟時間太久了。

小時候，每當週末，我們全家都會去那些有名的餐廳吃飯，聚豐園、敘香園、永康街的秀蘭小吃。但是他們在世的時候我從沒做過飯，來了美國後自己不得已就開始慢慢自學做菜，這樣才不會在異國餓死。

很意外的是我做菜很少失敗過。我們幾個台灣同學在一起的時候，他們總是喜歡吃我做的辣炒雞胗，那個菜配啤酒真的是超讚。幾個男同學都會叫他們女朋友和我學這道菜，我總是為自己的好廚藝沾沾自喜，雖然他們念的都是理工、財經，而且前途應該會比我好，但是我總覺得我還是多了一些他們所沒有的東西，一種他們所沒有的特質吧，我也說不上來。

我的同學們都覺得我是個可愛到不行的人，不管男女都對我寵愛萬千，時時也讓我嘗到幸福的滋味，沒有家人陪在身邊，但是這一群好同學讓我一點也不寂寞。

我不是很會打麻將，可能也從沒好好學過。但是就會基本的胡、碰、吃等等。什麼花、風、台數根本一竅不通。但是每次我們打牌的時候，我都會和一個男生拿著牌尺，像準備要比武功一樣，然後互擊三次，一邊還在那高喊「加油」，現在回想那真的是一段無憂無慮的快樂生活。

一般我都會被分到「女子組」去打牌，其實「女子組」的意思就是一些女生玩玩簡單的，我反正也不是很會玩，就是喜歡愛跟大家一起鬧，開心就好。

在大學時期，我也出去玩了很多地方，St. Louis、Chicago、Florida、Las Vegas、Grand Canyon、New Orleans、LA。印象最深的就是在LA的West Hollywood，那裡真是太好玩了，我那時還想要是哪天能在這裡的日落大道Sunset Boulevard, Santa Monica Boulevard買個房子就太好了，結果十年後真的實現了。

那時去St. Louis是比較平常的，因為距離學校比較近，大概是兩個鐘頭的車程。我當時常和一個日本人一起去哪裡購物逛街，日本人似乎對名牌奢侈品十分精通，那時我是什麼都不懂的，他介紹了我在一家很高級的百貨公司買了一件近一千美元的風衣。我後來才知道那個百貨公司就是鼎鼎有名的Neiman Marcus，而那件花了我那麼多錢的風衣是Burberry，雖然是一筆不小的錢，但是我想反正快要畢業了，找工作的時候應該就可以瀟灑地穿上它。

大三的實習課程

我在大三的時候，必須要有實習的課程，就是要利用暑假的時候找一個酒店去實習。

那時迪士尼還有來我們學校挑人，我也去面試了，結果都落選。St. Louis的機場Marriott也有來選，我還是沒被選中。反正什麼酒店來，我都滿懷希望去參加，但是我沒被選上，那時心中十分沮喪。後來我還是經過加州的舅舅幫我找了一間有華人總經理的Holiday Inn，才把這個實習的學分給修了。

雖然屢次碰壁，但我還是沒有放棄。我總覺得明天會是有希望的，我有信心會找到工作，我一定可以在旅館酒店服務這一行好好幹的。

況且，我還有那件名牌Burberry，我連穿都沒穿就要回台灣了，豈不是太可惜。

而我英文那時也進步的差不多了，該要會講的也都會了，我對美國文化很有興趣，很愛看美國電視。所以英文幾乎都是從看電視學起。因為那是最快最好的方法，不僅可以讓你學會說，還可以瞭解他們當地的文化及美式幽默。

一開始在美國的電視都是沒有自動配英文字幕的，基本上一般老外看電視是沒有看字幕的習慣。不過那時有分開的字幕機，是給聾人用的，因為聽不見所以得看字幕。我就買了一個，加在我的電視上，然後租了一大堆的電影，來回一直反覆的看，反覆的背單字與片語，我的英文就是這樣學起來的。都這麼用力地把英文學成這樣了，學了個半死，我可不能如此就輕易放棄。

我必須留下來，留在美國。在還沒證明自己的能力之前，當然是不能放棄。

況且我還能怎麼辦呢？我已經無路可退了！一定要全力以赴！

兩百封求職信

到了大學快畢業時，我越來越緊張，因為如果沒有找到工作，我就不能留在美國了。

當時的我並沒有身分，找工作根本就有如登天，除非公司願意幫我辦工作居留，但是一般公司又會嫌麻煩，大多不願幫員工辦理。再者，我這個學歷也不具什麼特別的專業技術。按照當時美國移民法的規定，除非你在本地找不到適合的雇員，否則是不可以用外國來的員工，這算是保障當地美國居民的就業機會。

那時沒有如現在如此發達的電腦或網絡，我找遍所有AAA的旅遊書籍，每一州有一冊，介紹旅遊攻略、酒店等等資訊。我在其中選了兩百間酒店，大部分是以伊利諾州的芝加哥為主，也有美國其他的州及大城市。

而我用打字機打了兩百封履歷及介紹信，貼了兩百張郵票。那時我的履歷少得可憐，唯一有的就是大學在加州實習了一個暑假而已。我將兩百封信投入郵箱時在心中對著母親說，「拜託拜託，請讓人聯繫我。」

寄出履歷表後，我便每天盡量在家裡等待電話通知，如果有事外出，也一定一回家就馬上察看電話答錄機是否有留言。

我最怕就是接到酒店的來函，通知我說：「很謝謝你的簡歷，但是我們現在並沒有適合您的職缺。」

Burberry風衣

在一九九四年秋天，趕在我冬天畢業前，只有七個酒店與我聯繫表示想要和我見面，這些酒店又剛好都在芝加哥。於是我安排了一下，決定去芝加哥兩天，開始我的面試。

開了近八個小時的車，終於到達芝加哥。那時在著名的密西根大道上走著，看著每個人都穿著長長的風衣，提著精緻的皮革公事包，我覺得那種感覺真是太棒了。芝加哥是眾所周知的風城，風大的不得了。我也特別穿著我新買的Burberry風衣，昂著頭，迎著風，為了想增加一點自信心，自以為是的瀟灑走在大街上。

不知不覺我走到芝加哥河的橋上，我又很想演了……

我突然想要那種風把風衣衣角微微吹起的那種飄飄然的感覺，就如同電影

《英雄本色》中穿著帥氣風衣的小馬哥（周潤發飾演）瀟灑出場般，氣勢不凡。我還幻想著廣場的鴿子在主角出場前全部瞬間往天空飛，彷彿是蘊釀主角走路有風的那種氣氛。想到這樣的畫面後，我就刻意讓風衣沒扣也沒綁腰帶，這樣就可以讓衣襬隨風飄逸……。但是沒想到那橋上的風實在是太大了，當我還很優雅的走在橋上，無奈風大到把我的風衣從後面吹起來，結果實在吹得太厲害了，風衣整個從後面翻蓋在我的頭上，還害我差點兒跌倒，真是一整個狼狽尷尬，而我很想要的那種唯美浪漫的場景，竟然……全沒出現。

可惜我所有的面試，都慘遭滑鐵盧。這些酒店的人事部一知道我沒有綠卡就告訴我，他們沒有辦法給我任何工作。

"But I will work very very hard! You won't be disappointed," 我一直不斷重複說這句話。

"I am really sorry, we just can't. Good Luck." 酒店的面試人員也一直這樣回答

我。要不然就是可以讓我先工作一年（每個美國大學畢業生都可以在美國先實習一年，如果有公司願意錄用），但一年之後就必須離開。

我走在密西根大道上，看著眼前這一間間富麗堂皇的酒店，卻屢屢碰壁，我的心情很複雜，也很沮喪。其實我對自己很有信心，但是現實卻又給我那麼多不可能，點燃的希望之後馬上就是失望。

芝加哥洲際酒店（InterContinental Chicago）

當我無意間看到坐落在密西根大道上的洲際酒店時，突然眼睛一亮，我想我應該要進去試試。雖然我投了簡歷過去，但是他們並沒有回覆我。我看到酒店旁邊有個公用電話，我想要打電話去試一試，反正這對我一點損失也沒有。

「你好，我是Jerry Mong，很冒昧請教貴單位有收到我的求職信嗎？」

「請等一下，我找一下。」對方十分客氣的說。

「有的。」

「我現在就在你們飯店對面，我是從南伊利諾大學過來的大學生，馬上就要畢業了，現在正在找工作，你們可以現在面試我嗎？」我用英文一個字一個字慢慢說。

「沒問題，那等會兒見了，Jerry。」

這一次真的是走運到令人難以置信的地步，我想著這一陣子的等待終於見到曙光。不過還是很擔心自己的英文和身分問題，萬一還是跟前幾次一樣馬上就被打回票該如何是好。

進入洲際酒店大堂之前，我再一次調整領帶，吸了一大口氣，告訴自己，Jerry，相信自己，你一定可以做到，都到了最後的節骨眼，要撐住。

見我的人是個瘦高的黑人，長得十分帥，他和我介紹說是他剛接到我的電話的，他是酒店人力資源部的總監，我本來心裡很擔心，因為一般來說像我這種初級的小職位，基本上都是人事部的主管來面試就可以的。怎麼會正好接我電話的是人事部的大總監？然後他又願意直接和我面試？很高興這麼幸運但是要是不過那也沒轍了……

面談中他一直面帶微笑。

"Jerry, Relax! You look nervous." 他這樣說，一口白牙齒，白色的襯衫和亮麗顏色的領帶配起來真的是特別的有精神也很好看。

"Of course I am nervous!" 我心裡這樣想著，但是還是很努力的面帶微笑。

因為這是我非常想進的一家飯店呀！

這家洲際有八百四十五間客房呢，是一九二七年建的，一開始是個高檔上流社會人士的健身俱樂部，後來才改成現在的酒店。酒店最出名的是他們的泳池，不是在頂層，也不是在一樓，而是架在高樓的中間，非常有特色。

眼前的這位人資部總監，說起話來不疾不徐，沉穩又超有說服力。而不一樣的是他又是個極為幽默的人，他簡單問了我些例行的問題，不停地點著頭，直覺他似乎對我很滿意，而我也可以感覺到他不經意的上下打量著我，我搖晃了一下頭，該死，快點「eye contact」、「eye contact」我心裡想著，美國人最講究的就是這個的，現在絕對不能分心。

我很注意的看著他，細細地端詳，長成這樣難怪可以當上高級主管。看他一點也不費力，因為他是很值得仔細觀看的那一種翩翩風度的型男。後來我也不知道時間過了多久，他告訴我想讓我和前廳部的經理先碰個面談談看。

我在心裡暗自竊喜。

「謝謝老天爺，謝謝爸爸媽媽！」

就這樣過了第一關。

但是他們都沒問到我很怕被問到的「身分」問題，我心想先面試再說吧。

到了前廳，我在大堂的沙發上坐著，看到好多接待人員，女生走路時高跟鞋在大理石上的地板嘎嘎作響，那種聲音，加上走路的輕快的節奏感，聽起來真是十分地有意思。而且大家都一副好有氣質的樣子，還有個日本女生在大廳的VIP專區做接待，她的椅子還是那種有很高很高的椅背，她就像個皇后般坐在那兒，哇，看起來真是令人著迷不已。我逕自想著，如果我也能坐在那兒，靠在那個有高椅背的華麗椅子上，是不是就能有一代女皇武則天「君臨天下」的那種感覺呢？我又不禁胡思亂想了起來……

突然又是一個高大的男生向我走來，我在想怎麼這個酒店的經理總監都是那麼英俊挺拔到不行？他簡單的對我說想考慮讓我嘗試前廳部的管理培訓生的培訓項目，但是我必須在一年的時間先在各種房務相關部門練習，然後一年後可以被考慮升為主管或副理。

哇，我心裡想著這真是個千載難逢的大好機會。如果是這樣他們一定會幫我辦綠卡的，因為他們都已經花心血培養了我一年，沒道理又把我送回去吧。但是我還是認為先不要主動提身分這件事，還得要好好的想想怎麼說出口才好。結束面談後，他們叫我先回學校等通知，因為酒店內部還要討論，我當時想著這麼好的機會想當然爾也會有好多候選人吧，我可能是眾多人中的一個。當他一這樣說，我心裡又突然沒底了，因為除非我在他們心中真的很棒，要不然美國本地這麼多大學畢業生，他們又幹嘛要選個外國人，況且英文還有些生硬呢？

兩個星期後，我一直在等的電話終於來了，我接到電話時，聲音興奮到直發抖。

"Yes, this is Jerry."

"Hi Jerry, we would like you to come up to the hotel again for second interview."

哇！還要一次面試，不管怎樣那都是好事，這表示我還有機會！這次上去是他們旅館付的火車票錢，晚上我入住在酒店裡，真是無與倫比的豪華，而第一次大開眼界的我竟然興奮的睡不著覺，想著明天該怎麼樣去面試。

隔天我洗好澡做好萬全的準備，又和兩個經理面試，最後和酒店的駐店經理面試。駐店經理是酒店僅次於總經理的高階主管。我帶著微笑和他見面，我想我一定要成功。聊了一堆有的沒的，突然他問我說：

「你有居留權或綠卡嗎？」

那個百萬元的問題最終還是來了！我最擔心的問題終於來了！之前面試的幾間酒店都是到了這個問題就沒戲唱了！我知道這次不能冒險，我必須要有個好一點的說法，我一定要得到這份工作！

「我已經在辦理當中了，我想我半年內或許可以拿到，我妹妹現在是美國公民。」我這次一定要先進飯店，先讓他們看到我的努力與實力，居留權的問題或許可以慢慢再去想辦法。他們看到我半年的努力成果後，就一定會伸手幫我的。

一個永遠不會讓我忘記的電話，在一九九四年感恩節的前一個晚上，人力資源部總監親自打電話給我：

"Well, let me tell you a good news, you are hired as our Front Office Management Trainee."

"and please report to work on January 10th 1995 and Jerry, Welcome aboard."

山窮水盡疑無路時，柳暗花明又一村，我在心中大力的歡呼著。

"This will be the most exciting Thanksgiving in my life! Thank you."

瞬間天堂大門開了，我都感覺到暖暖的陽光溫暖我的心房。雖然我那時才二十五歲，但是我覺得這個感恩節實在是太神奇了。殊不知幾年後的感恩節也發生了令我難以忘懷的事情。

進入飯店是一個嶄新的開始，從最基層做起是進入這一行要有的準備，這些我都很清楚，我告訴自己我會很努力的。而這位人資部總監真的也算是我的一個貴人，我要用工作證明他的選擇絕對正確。

一九九五年一月十日，是我酒店生涯的第一天。我到了坐落在市裡最出名的密西根大道上（Michigan Avenue），擁有兩棟大樓，一共八百四十五間房的芝加哥洲際酒店。我穿著自己唯一僅有的深藍色西服，搭配一條姑姑送給我的暗紅色領帶，抬頭挺胸地坐在會議廳裡與其他新員工一起參加入職培訓。心中充塞著希望與興奮之情，專注地看著台上培訓的講師與各部門的經理和我們分享、講解酒店的企業文化與組織架構，當時的我聽得津津有味、如癡如醉，心裡想著，什麼時候我也能站在台上，手持麥克風為員工做培訓？甚或與全體員工一起召開員工大會？會有那麼一天嗎？

5

匹茲堡

美麗的新娘緩緩地步入教堂。我站起來一回頭，瞥到Mxy著白紗的身影，不知怎麼的，突然一陣鼻酸、接著抽慉，然後就無法控制的嚎啕大哭了起來，這一哭，可還真把全教堂裡的人都驚呆了。

妹妹的婚禮

一九九六年Mxy終於要結婚了，這是件令人興奮的事。

可惜那時只是我工作的第三年，沒攢到什麼錢，無法給她買Vera Wang的新娘禮服。她的先生是香港人，非常有禮貌，我很喜歡。Mxy的個性是比較內斂的，像我父親，她能找到一個懂她的人而我又歡喜，我真心替她高興。

可能因為我和她分開太久了，當時的我變得不大瞭解她，從她十四歲開始我們就分開了，至今，一晃十年。那時我還在芝加哥的酒店，所以我先飛到匹茲堡，特地租了一台白色的凱迪拉克想拿來當她的禮車，我想再怎麼樣，唯一的妹妹結婚要風光一點，我也帶了兩套衣服搞得我自己好像也要結婚似的。誰教我是她最親的人，而且這是我有生以來參加的第一個婚禮，興奮地沒話說。

自從妹妹被姑姑領養，也和姑姑一家人信了基督教，雖然我也嘗試過信教，但總是覺得有點彆扭；但我並不排斥。我覺得宗教是讓人有信仰有依靠，做好事，只要你覺得那對你有幫助，就是件美事。

婚禮基本上都是姑姑家教會的朋友，和妹妹與妹夫雙方的朋友們。

那天早上Mxy化了妝，穿著漂亮的白色婚紗，我看著她大笑了一番。因為我從來沒有看過她畫眉、眼線、眼影、腮紅……。我和她合照了好多相片，一個上午就是一直拍照拍個不停，她和她先生都笑得有點僵硬了，下午就必須要到教堂，準備婚禮了。

一開始我一直以為會是我來牽著Mxy進入教堂，然後把她交給她的先生，但是Mxy終究是被姑姑姑丈領養的，他們也視她為己出，撫養照顧多年直到大學畢業，所以由姑丈牽她走進教堂也是理所當然的。我的兩個堂兄弟一個會鋼琴，一個會拉小提琴，所以連我這個專業鋼琴師也插不上手。好在我還是可以開著我租來的白色凱迪拉克充當一下禮車司機，為Mxy做一點哥哥該做的事情。

當卡農in D的音樂聲響起，我坐在第一排，和大家一起站起來看著美麗的新娘緩緩地步入教堂。我站起來一回頭，瞥到Mxy著白紗的身影，不知怎麼的，突然一陣鼻酸、接著抽搐，然後就無法控制的嚎啕大哭了起來。這一哭，可真把全教堂裡的人都驚呆了。

就在那一剎那間，有太多的往事就如電影一般的在我面前重演。

從父母過世後，我就很少哭。這十年來我都可以算得出來流過幾次眼淚，可能是所有積壓的情感全部都在那一刻傾巢而出，釋放出來。

我想到父母親如果此時在場那會是個怎樣的光景？我又想到妹妹當初放學後來西餐廳吃飯，我在台上彈琴的那段時光；我想到我們兩個人小時候玩著遊戲，父親老是在一旁幫她，不管是跳棋、象棋、UNO……所以我永遠都沒有贏的機會；我想起小時候父母不在家，妹妹提議偷抽父親555的香菸，結果我也跟著抽，被父親發現硬說是我帶頭的還被罰跪；我想起小時候我們一起去看蚱蜢李恕權的演唱會，說真的我到現在還是不懂她為什麼會對李恕權那麼的著迷；我想到父母親走了之後，我硬帶著她到那時環亞飯店頂樓的Nasa舞廳去玩，而她那天是一百個不情願。

我想到她今天能夠有個好歸宿，當然令我安心，我應該高興才對的。可我就是一直無法控制自己，哽咽的啜泣聲在現場造成了不小騷動，有些人也跟著哭了起來，所以當時我想我還是先離開一下，等情緒平穩了再進來。畢竟這是個美好的婚禮，不是喪禮。我已經破壞了婚禮的氣氛，絕不能再把她這一生的婚禮給搞砸了。

教堂的婚禮結束後，晚宴之前，我們都回到旅館休息了一會兒，妹妹跑來我房間，很淡定的問我：

「孟孝慶，你沒事吧？」我們兩個一直以來都是連名帶姓的直接稱呼對方。

「沒事。」我雲淡風輕的應了一句，想著現在的確沒事，可是下午在婚禮上真是抱歉了。

我們兩人之間可能真的是分開了太久，那時也沒有手機軟件可以保持聯繫，兩人之間好像沒什麼話可說，加上兩人的性格南轅北轍，似乎變得更加陌生。

雖然在美國我們偶爾也會通電話，但是宗教信仰讓我們逐漸疏遠，有時我也很想念她，但通了電話又都講不到幾句話就掛電話。在彼此之間彷彿有一種陌生感，我們不太提過去的事也很少分享近況，彷彿兩人之間結了一層霜，而那層霜不知怎樣才能融化。妹妹總是有種不肯妥協的頑強，即使我並不吝於表達我對她的關懷與感情，但是似乎也起不了任何作用。

難忘的感恩節

一兩年後的感恩節前，姑姑希望我能回去一趟與家人團聚，畢竟那時爺爺、奶奶、Mxy都還在。在美國，感恩節就像我們的中秋節一樣，是要與家人團聚的。但是他們總是會請很多教會裡的學生來家裡吃飯，一起過節。由於我平常在酒店，已經每天要和陌生人打交道，我實在是不想在感恩節飛到另一個城市，舟車勞頓後還要再和一幫我不相干的人聊天應酬什麼的，再加上我也不是很常去教會，這樣會讓我感到十分尷尬。但是我想至少我還是可以見到姑姑、姑丈、Mxy和爺爺、奶奶，我還是和酒店要求了假期，買了機票到達匹茲堡。

晚餐很快的就結束了，姑姑家裡的東西真的是好吃，很有孟家傳統的味道，我當時在芝加哥工作，每天忙得一塌糊塗，根本沒有什麼時間做菜，都是吃麥當勞、肯德基，能來到姑姑家吃中式菜餚真是一件很享受的事情。來家裡的大概有二十多個學生吧，都是教會裡頭的人。我看到他們還是客氣的寒暄了幾句。

吃完飯後，大家要在客廳裡唱詩、查經、分享等等。這是我最害怕的環節，於是我就跑到我爺爺房間裡躲了起來，我看著他新裝的小耳朵所接收到的連續劇。畢竟出國了好久，很久沒看到中文連續劇，很是興奮。

因為我們是福州人，都叫爺爺「公公」。公公以前海軍退役後就當船長，周遊列國，英文相當厲害，比我在美國土生土長的堂兄弟們還要好。聽父親以前說公公的教育方式是斯巴達教育，脾氣很大，我看父親的教育方式應該是被公公影響的吧。公公倒是還好，不會對我們那樣，但是也不像一般祖孫那樣親密。

當我在他房裡看電視劇時，他進來問道：

「孝慶，你在做什麼呀？」他笑嘻嘻的說。

「公公，我在看你新裝的小耳朵連續劇，我有十年沒看過中文連續劇了，好好看。」

「我們正在和其他弟兄姊妹聚會啊，你不出來一起聚會嗎？」

「不了，我現在想看電視，太久沒看了，回到芝加哥後可能就沒機會看了。」我邊看電視邊答腔。

於是公公關上了門，我偷偷地瞄了他一眼，看起來臉色有點不快。但是我絲毫沒在意，繼續看電視劇。

第二天早上，我在姑姑家的二樓被公公在樓下的怒罵聲給吵了起來。我出了房門，我妹妹也跑了出來站在我身旁，我們都一致充滿了疑惑。

我躲在樓上公公看不到我的地方，聽到的盡是「孝慶」、「電視」這幾個字從公公口裡喝斥而出。我想我完蛋了，這下又把整個家裡搞成這般亂七八糟的。看到姑姑、姑丈在公公房裡勸阻，我手足無措不知該如何是好。我都是個快三十歲的人了，十幾歲時被我父親管教的那些畫面又一一浮現在我的眼前，我突然感到一陣恐懼，覺得歷史又要再度重演了。Mxy也在我旁邊，推著我說，一定是昨晚我沒聽老人家的話，愛看電視。現在大發脾氣了。Mxy一直叫我趕快下樓道歉。我呆在原地一動也不動，腦海、眼前盡是很多我不願再去面對的影像。

當初父母過世，我想今後我的生活應該會過得很祥和、很平靜的，因為這世界上就我一個人了，但是現在這樣讓我畏懼的場景再度出現，……各種負面斥責的聲音紛紛從我耳朵四周此起彼落的響起，這些我從小就感到害怕的聲音交互浮現著，我身體發抖，一陣恐懼襲上心頭，我想能不能馬上開了我的車一走了之，逃避現實，不去面對這眼前的一切……

「孝慶，你下來一下好嗎？」姑姑很理智，沉穩的說，她沒有歇斯底里，很沉得住氣。完了……。我心裡想我該怎麼辦？

「過來，和公公道個歉。」她望著我，沒動怒。

我知道我沒有別的選擇了，我知道我這次又惹了長輩生氣，因為我沒有按照他想要我生活的方式生活。我只能和他道歉。雖然我覺得自己並沒做錯什麼事。

我跪了下來，和以前父母親在世時一模一樣。這個動作對我來說並不陌生。

「公公，對不起，我惹你生氣了。」

「我昨晚不該看電視的，應該聽你的話和大家查經聚會。」我努力裝出懺悔的樣子。

「你不要生氣，是我不對……」

雖然我覺得我並沒有什麼不對，我自己隻身來美國念書，在台灣成績不好的我，大學四年的總平均分數（GPA）還有三・六，畢業後靠自己的能力找到了一份工作，獨自努力打拚，沒有依靠任何人，我以為大家都應該會以我為榮了，但是我自己僅存的家人，還是讓我覺得我自己一事無成，還得跪下來低頭道歉。我不懂為什麼我那麼努力了卻還是得不到認同，我覺得自己真的受夠了，爸媽在世我沒有機會被認同，現在自己在美國生存打拚了還是不被認同。我再也不想為任何人而活，我也不需要再去在乎這個世界上任何人對我的看法。因為我不管做什麼，都得不到家人的讚賞，只有責怪和辱罵。

"Everyone here just makes me feel terrible."

於是，當下我決定了，既然沒有人認同我，那也就算了。我好累，我只求我活著對得起我自己就好了。我不想再像以前一樣只為取悅別人而活。

自從那次事情後，我和我僅有的家庭就更漸行漸遠了。但我並不覺得可惜或是可悲，我沒有埋怨，只覺得無奈，我不想要再過任何不愉快的日子。

從此我婉拒了各種家庭聚會，我不想再讓我心裡難受，讓我覺得自己不夠好，讓我有莫名其妙的壓力。

我現在只想每天過得開開心心，沒煩惱、無壓力的活在這世上。

Mxy有時也會勸我，「他們都是長輩嘛，他們本來就是要說晚輩的。你不該往心中放。」我想她說的也有道理，但是他們對我的指責我無法不往心裡去。我覺得對不起父母，是我做不好才會被責罵。因為不願意面對，只有選擇逃避。反正我自己一個人都過了那麼久。我想放棄這種只給我壓力而不給我溫暖的親戚關係。我想念我的父母，儘管他們在世的時候，我沒有感覺到他們對我的肯定。我覺得我至今靠著自己的努力他們應該是會認同的，我希望聽到他們說：「孟孝慶，你真棒！」但是他們已經不在了，我也一輩子沒機會從他們口中聽到他們對我的肯定。所以我把希望放在、寄託在現有的親戚上，然而他們似乎也沒什麼特別的反應。

父母親在世時我活得很累，面對親友其他同齡孩子的壓力相當大，我不想一輩子被壓得喘不過氣來。我現在只要努力的開開心心過我的日子就好。別人怎麼看我都不重要，重要的是我的生命由我自己來掌控。

6

管理培訓生

客房部的工作的確是辛苦無比，主要是清潔整理使用過的房間，每一個角落都要打掃得乾乾淨淨，還要倒垃圾、清潔廁所、刷馬桶、吸地毯等等，那時的規定是一個人一天至少要清掃十三個房間。美國冬天靜電特別厲害，我光是在床上鋪個毯子都會被電得死去活來。

我在芝加哥的洲際酒店是從房務部管理「培訓生」做起，所以前六個月得在人力資源部、客房部、工程部、保安部都先走一圈，要在這些部門做好基本訓練後，才能調去前廳開始真正的培訓工作。

Performance and Personality

這六個月對我來說真的是非常重要，因為當時的我有沒有辦法留在美國，就取決於這六個月的表現，如果我沒有被任用，就要跟美國說再見，如果做得好，公司聘用我，或許還有機會幫我辦綠卡，不用回台灣了，所以基本上就是那種「背水一戰」的決心支撐著我，讓我咬著牙關熬下去。

在美國畢業後可以在社會上有實習資格，但是得在三個月內找到工作，才能再留下來一年，而這一年的工作簽證關係著你有沒有機會拿到公司幫你申請的工作簽證。我們當時在美國讀書的人，畢業後一年之中還是可以以實習生身分留在美國。

我心中很明瞭一定要讓各個部門的經理都認可我的工作能力，而且不僅於認可，還要他們喜歡與我共事，這樣我才有辦法存活下去。

這在美國是很重要的；有些人工作能力沒問題，但很難與人相處，那當然行不通，很快就會被淘汰出局，畢竟我們做的是服務業，「人和」自然第一重要。但是如果光是會討人喜歡，卻做事亂七八糟，終究還是無法生存，我太清楚專業的能力也是不能被忽略。為了要合法長久在美國居留下來，我知道一定要兩者兼備：Performance and Personality。

旅館的工作其實鉅細靡遺，從泊車、行李員、門房、櫃檯到房務清潔與餐廳服務生等等，我一開始就走的是「房務部」系統，而另一條線是「餐廳」系統，一樣要從服務生做起。

客房部的工作的確是辛苦無比，主要是清潔整理使用過的房間，每一個角落都要打掃得乾乾淨淨，還要倒垃圾、清潔廁所、刷馬桶、吸地毯等等。那時的規定是一個人一天至少要清掃十三個房間。

美國冬天靜電特別厲害，我光是在床上鋪個毯子都會被電得死去活來。更何況每天每時都要不斷地重複做著一樣的動作。其中別小看鋪床這個動作，實戰守則就可以寫上好幾頁，有固定的折法和方向，面對這些艱難的任務，吃不了苦的年輕人真的會撐不下去。但是，對於我，因為那就是我要達成目標該完成的事，所以無論如何我都會盡全力去做好。

我每日要整理至少十三個房間，真的累到不行，累積著無止境的疲累，身心的耗損可以說是來到極致，但是一定要這份工作的我不斷地催眠自己：「我熱愛這份工作，一定要留下來，不能這樣就被打敗。」而這些鼓舞自己的話發揮了作用，讓我再累都做得挺起勁。

接下來，很多人要克服的還有「輪班」這件事。我很多同事都會對輪班這件事抱怨不停，但是這是一定會碰到的事，我一開始就很能適應。在旅館業因為要二十四小時營運，所以必須要排不同的輪班，所以生活作習顛倒是常見的事，你放假，你的朋友可能要上班，對於有家庭的人就更辛苦。不過這一點對我不是問題。我本身就是個夜貓族，又沒家累，所以輪班對我來說，非常適合我，別人不喜歡的時段我都可以接受，所以會有很多人跑來跟我換班，我都會笑嘻嘻說好，反正我就是以飯店為家的那種人。

「客房部」雖然看似不起眼，但卻是酒店中我覺得最重要的部門。沒有乾淨的房間給客人辦理入住，這個酒店也就完了，這是第一個環節也是最重要的細節。雖然這個部門員工的教育水平或文化素養可能都不太高，但是他們扮演的角色絕對無法藐視。

「魔鬼藏在細節中。」客房的清潔，一絲一毫都要精準無誤，在這邊我學會對任何細節都不能馬虎，也知道雖然這些都是很基層的工作，但我一定要做到最好。

我一定要想辦法留在美國，因為美國是旅館業最強的地方，只要有機會加入國際連鎖酒店，對學旅館管理的我來說當然是最好的抉擇。

你說那個越南人嗎？

在美國許多酒店的客房部都是以非洲裔、拉丁美洲裔等居多。真的很少有美國當地白人願意去做客房服務員的，就算美國有很多無業遊民，他們也不甘願做這個耗費體力的工作，這一點其實我也想不透。

在客房部訓練的過程中，我們也必須要打掃整個旅館的公共區域衛生、大廳、公共衛生間等等，酒店中的每個區域都是我們的工作範疇。

有一天我穿著酒店的工作服，提個竹籃子正在巡視著大廳看有沒有垃圾，此時我撞見有一個客人急急忙忙跑到前廳去問事情。

「嗨，我的手錶不見了，不知道你們有沒有看到？」

當時的前廳禮賓司看到我在大堂掃地，就直接問這個客人：

「請問您有沒有問過現正在掃地的這位服務員呀？」

那位客人用看眼睛斜看了我一眼，然後用一種微帶鄙夷的口吻說：

「哦，你是說旁邊那個越南人嗎？我可沒問。」他的語氣讓人感到一絲不悅。

光是聽到他說話的語氣，就讓人覺得很有些來意不善，我滿懷疑惑的看著眼前的這個人，還真不瞭解他為什麼說我是越南人？是因為他只知道越南嗎？是因為美國人到越南打戰所以看不起越南人嗎？

這時那個禮賓司不屑地看著我，打了手勢叫我過來然後說：

"Hey! did you find any watch while you were cleaning? "（喂，你剛在掃地時有沒有看到一支手錶？）

我那時候心想，在這邊工作大家不是都應該互相尊重的嗎？好歹我也算是前廳的工作人員，只不過我現在是在別的部門做交叉培訓，而眼前這位女禮賓司為何講話如此不客氣？也不懂稱呼我的名字，我制服上有掛著名牌呀，還不先說個「excuse me」之類的用語，這是什麼對待同事的態度呀？竟把自己的同事當外來者嗎？難道是覺得我是東方人好欺侮嗎？說實話當下我有點生氣。我直接回答說並沒有看見，還很勉強地擠出一個苦笑，就不再說話，轉身離去，然後我在心裡面狠狠地瞪了他一眼，心中想著這個主管真是不專業，都不懂得尊重彼此。

再加上剛剛那個莫名的客人，看到我就說我是越南人，分明就是搞不清楚狀況胡亂說話，很多老美對美國之外的世界一無所知，因為美國一直扮演世界超級強國的角色，這是我第一次深刻體會到人在異鄉那種被人瞧不起的感受。眼前這兩位擺出一副高高在上的傲慢態度，讓我十分生氣，而我也在那時在心中暗暗地想著：

「以後我一定要做個酒店的大廳經理，好好教育這些這麼沒有禮貌的人。」

雖然很多人會閉著眼睛說現在是一個無國界的世代，沒有什麼種族歧視的問題存在，但這一定還是有的，不同種族間的爭鬥隔閡是無法避免的，不管你英文再好，也抹滅不了膚色的差異。雖然現在都二十一世紀了，但是種族和城鄉的問題還是一樣存在，白人、黑人、城市人、鄉下人、紐約人、ＬＡ人、上海人、北京人……，誰都有可能瞧不起你、你也可能會瞧不起人，這世界便是如此，強者就是高高在上，而弱者就要學會如何變強、如何……

我得到一個啟示：在異地工作，要先學會在夾縫中求生存。

我還有個小故事，當我升到前廳當櫃檯小主管時，有一次我們在培訓櫃檯小姐時，有位客人在辦理入住手續，那是一位旅客，我請培訓生練習辦理Check-in，然後我在旁邊觀看她的流程完不完整，這時這位義籍旅客看到我在旁邊，突然對著我說話了：「你是義大利來的嗎？」聽得出來是在跟我開玩笑，我也笑臉回答他：「錯，我可是來自德國。」想當然爾我也是開玩笑。

不過當他後來知道我來自台灣，竟然板起臉來說：「嗨，如果中國和台灣真的打起來，美國人是不可能會幫你們的。」我稍微愣了一下，好好的辦理入住，怎麼突然講起政治問題來了？只好笑笑的說：「謝謝您的關心。」雖然很想白他一眼，但是基於服務的禮貌，我當然是沒有這樣做。也許在這位客人的眼中台灣需要美國幫忙是天經地義的事情吧！

名花有主

當培訓生六個月過後，我終於可以轉到前廳。我穿著西裝，抬頭挺胸的站在前檯為客人辦理入住、退房及其他房務相關的雜事。我的英文那時候也只能算是勉勉強強，但是我的優點永遠都是笑瞇瞇的對待客人。所以大部分客人對我的態度都還不錯。加上我學習前廳的電腦系統也特別快，沒一兩天就上手，很快就可以單獨地面對客人。

可能因為我一直都把每位客人當做我自己的好朋友來服務，所以我特別有耐心。

那時我待的酒店是個有八百四十五間房的大酒店，全部加起來有差不多十八個前檯員工，可卻真的只有我是東方人，我在想我一定得要爭氣，一定要成為前檯服務人員中最閃亮的那顆星星。

有一回我在辦理義大利航空的入住，他們一行有二十四人，機長、空服員等等。他們拿了鑰匙後上了房間，這時突然有人叫住我。

「Jerry，剛剛Check-in的那個機長有事找你。」

我心想這下可能有麻煩了，機長來找人一定又是不喜歡他的房間，許多航空公司的機長對他們的房間要求特別地嚴苛。但是當天晚上許多房型都被預訂滿了，已經沒有什麼可以換的了。我想先打個電話給他，先弄清楚他的問題是什麼，這樣比較好找法子解套。同時間我也叫同事幫我一下看有沒有其他房間可以換。

「你是剛剛幫我們義大利航空辦理入住的人員嗎？」

「是的，機長先生，我是Jerry。」

「你給我的房間太差勁了！燈泡也不亮，水壓也不夠！這樣的房間你們也敢給我？」

我聽到時還真的嚇了一跳，但是心想這不對啊，這個也太離譜了。一般機長的房間客房部都會仔細檢查，不太可能會出這種紕漏才對。

「真是非常對不起，機長，我馬上叫工程部去您房間修理。」我在電話裡很禮貌的抱歉。

「不用了！我想你自己應該上來確認看看！」他帶著不悅的語氣說。

唉，真是麻煩，還有一堆人要等著Check-in！我實在是沒有空那樣跑來跑去的。

但是沒辦法，我只有硬著頭皮上去。也做好被狠狠修理一頓的心理準備，一邊打電話叫工程部去房間和我會合好及時解決一切問題。

"Hello! Front Office." 我一邊敲門一邊說，不過卻等不到回應，但是門是半開的。進去先是他的客廳，裡面才是臥室和浴室。

"I am in the bedroom." 不久後機長說，「我在房間裡。」"Come in."

我把臥室門打開的瞬間，真不敢相信自己的眼睛。因為這位機長竟一絲不掛的橫躺在床上，兩手撐在後腦勺後面，一派悠閒的樣子，還笑嘻嘻的看著我。

「其實……，呵呵，並沒有什麼問題啦，但是不這樣找你，都不知道要怎樣才能讓你來我房間看看囉。」

「你喜歡你現在看到的嗎？」（Do you like what you see?）他眨了一下他的大眼睛，睫毛長長鬈鬈地幾乎都可以放根牙籤在上面，輪廓分明的下顎微微昂起，性感的笑了一下。

當時我大大的嚇了一跳，機長的身材還算不錯，換句我們現在說的就是「高富帥」。義大利的男生都是一頭黑密的濃鬈髮，有點小鬍子，身高大概有一百八十六公分吧，體重應該七十五公斤上下。快有四十歲了吧，全身散發成熟男人的那種無敵魅力，是我完全沒有的。

我心想著該如何逃脫現在這個局面，機長都表明地如此露骨，可是我也不好得罪他，他可是酒店的ＶＩＰ顧客，但我也不可能在他房間這樣待著，我盤算著該如何應對是好。

「抱歉，機長，我現在還是上班時間呢！」我很大方的說，但眼睛還是不敢直視他。

「那下班後呢？反正我有的是時間。」機長點燃了一根菸邊吐著煙邊說著，微微晃動著他藍色的迷濛眼神。

「呵呵，可是真的是很不好意思，機長，**I am taken**。」我說著，我已經「名花有主」，輕鬆打破眼前的僵局，不管當下是不是說謊，我很清楚得設法把氣氛弄得好一點。

「好的，我明白你的意思。」

機長看著我頓時有點失望，我跟他說待會工程部的人就快到了，本來想跟他開個玩笑，「要不你找那個快要來你房間的工程部人員？」但想想這種玩笑還是不要亂開的好。其實我那時哪有什麼「名花有主」，但是這是在美國最好推脫的藉口。大家都說美國開放？好像也不盡然，但是這裡的人一聽你是有伴侶或結婚的，基本上都不會再與你繼續糾纏下去，這種不拖泥帶水的性格倒是直接。

「那麼，機長，晚安囉，祝你有個美好的夜晚。」我鬆了口氣，也從剛才不知所措的情緒中解放出來。

在酒店管理業，面對的客人千奇百怪，很需要突發狀況的應變能力，在與人的應對上也要格外圓融與謹慎。

六個月在前廳的工作又很快就過去了，基本上整整一年的實習也終於告了尾聲。由於酒店對我的表現還是認可的，所以他們也願意幫我提出證明，所以我才可以繼續辦理工作簽證H1，等到工作簽證一下來，接著馬上就能辦理綠卡。

我要做值班經理！

當我的培訓工作一切都進行得很順利的時候，我問前廳部經理，我的一年培訓期要滿了，下一步的工作按照培訓計畫，我應該要有個副理或經理的職位才對。

我那時自己猜想他們至少應該會給我個值班經理才對，也就是等同大廳副理的位子，那是專門解決客人投訴問題的工作。但是前廳部經理似乎覺得我還不夠成熟，歷練還不夠。他對我在值班經理的勝任能力方面竟然表示懷疑。

「Jerry，我們覺得你人很好，能力也很不錯，但是我不覺得你現在就可以獨立領導一個班子，可以在我們不在的時候照顧好這個旅館？」

「為什麼？」我反問，「我不都是按照你們的規定與制度在努力做事情嗎？我想我可以勝任的。」

「我不相信我沒法幹好值班經理這個職位。」我覺得自信滿滿，對我來說這個工作不會太難。

「不是我們不相信你，只是我們覺得你應該還要半年的時間，到那時我想你就可以。」他講話的口吻好像是在試探我想要這個職位的心意有多強。

「不行。」我說。不知怎麼的平日溫良的我竟然會強硬了起來。

「請讓我先當上這個值班經理的缺吧，我一定要做這個，如果做不好，如果哪天你後悔了，你可以隨時再開除我，但你必須給我這個機會才行。」我說話時眼睛直視著經理，我要他知道我有多堅決。

人在美國，耳濡目染的我也學會凡事要為自己爭取。我明知自己不比別人笨，表現也不比別人差，為什麼我還需要等？我一定要個理由。光給我「我們覺得你還需要時間磨練」這個理由是不夠充分的。

前廳經理聽了我的話後想了一下，然後帶著奇怪的表情並皺著眉頭說，「好的，讓我先想一下，明天我會給你答覆。」

當時的我想著，不知他是要舒緩我過於堅硬的態度，還是真的會好好的思考一下，但是不管了，那時的我也不知哪來的信心就是覺得那個值班經理的缺「非我莫屬」，不知他是怎麼看我的？對他來說會覺得我自不量力嗎？這些想法瞬間閃過我心中，但是我只想奮力一搏了。

第二天他笑著恭喜我，說我已是正式的值班經理了，並且在我原有的培訓生工資上加了年薪一千美金。

不過在美國這麼注重隱私的國家，工資還是沒有辦法保密到家。因為我發現別的值班經理（也是剛上任的）的工資整整比我還多了一千美元。我心中不太高興，也覺得太離譜，心中忿忿不平，憑什麼別人就可以比我多拿一千美元？我很不解。

當時也很不識相的直接找到那個對我還不錯的副總。「能告訴我一個理由嗎？為什麼我們做同樣的工作，同時升上來，為什麼我會比別人少一千元？」我一個勁地道出我的不滿。副總二話不說，打了個電話給人事部，我的工資馬上被往上調，我很感激，心裡頓時也平衡了許多。

在這個國家裡，我學習什麼事情都一定要不客氣地據理力爭，你不爭取，沒人會為你多做什麼。但是你如果就是默默的耕耘，而不發出任何聲音的話，你是完全不會被注意到的，入境得隨俗，美國人的規矩是要懂得的。必須得想辦法去瞭解他們的文化和習慣，才不至於吃虧。

我自己也知道，這個第一個經理職位是靠我自己努力爭取來的。得來不易，我一定要更小心的工作。我不能失手或是做錯什麼事而被開除，一旦被開除了，我又要面對離開美國的事實。所以凡事都要戰戰兢兢。

Sorry，沒有房間了

一個酒店最難幹的職位，就屬「值班經理」了，因為這份工作的絕大部分就是面對及處理客人們的投訴。而美國人又超愛為自己的權利爭取，一有什麼不滿意馬上就是「I want to see your manager」（我要見你們經理）。

有一次一個超級刁鑽的白人和我們前檯的一位白人員工投訴，他說他很不滿意，現在立刻就要見主管，結果那個主管是個黑人，黑人主管處理了之後他還是不滿意。

「請叫你們經理出來。我現在就要見他。」他劈哩啪啦地拉高嗓門叫著。

結果竟然是我這個東方人出來站在他面前，我可以感覺到他萬分失望。因為他想要的是他心中認為和他相同等級的那類族群說話，黑人主管他根本就不看在眼裡，但偏偏又來了個黃皮膚的東方人。

許多美國人雖然嘴上不說什麼，但是你可以從他的語氣上明顯的感覺到，他們那種超級強國的優越感，不僅只是膚色，還有文化、學歷，或者你的穿著、品味等等，什麼都可以拿來被對方嫌棄或說嘴。

我也是慢慢地才感覺到一個人的外在，在服務業是多麼重要的一件事情。那時的我只知道努力工作，還不大瞭解這些道理。但是社會都是現實的。你必須要去瞭解面對而不是逃避埋怨，要欣然接受那些遊戲規則或生態習性，要不然吃虧的是你自己。

我那時也沒什麼錢，不可能去買什麼名牌奢侈品來穿戴，但是我卻知道外在的表現包括言談舉止這些，至少那一方面，我都要求自己要很有自信並且表現的很合宜，至於外在的穿著，隨著進入這一行看多聽多，也能慢慢跟上步調。

而每次看到傲慢客人對有色人種的彷彿「視而不見」，我心中都會想著以後一定要更努力工作，一路往上爬，爬到巔峰就不會被「視而不見」。所以光做個什麼值班經理對我來說絕對是不夠的，我還要攀越高峰。

記得那時美國經濟很好，芝加哥城市的酒店常常滿房，百分百的住房率。一般酒店為了達到滿房，所以常常會超訂（overbooking）。例如我們有八百四十五個房間，今天晚上有五百個入住，我們可能就會多訂三十五～四十間房，因為可能有人會「no show」就是訂了不來的意思。

大多數酒店都是按照這個比例去操作的。所以當全部的人都出現在你面前，而酒店沒空房的時候，那值班經理的日子就很難過了。

首先，我們要先安撫客人，讓他們知道酒店已經沒有房間，必須要住到別的酒店去。有時整個市區同星級的酒店都住滿了，我們還必須安排四星或三星的酒店給客人住。可想而知這時客人都是非常火爆生氣的。因為我如果是客人的話，我也不能理解，明明訂房了卻沒房間。但是那時我們的銷售政策就是這樣，你也不用去質疑那樣到底合不合理。

而我又是總被排在3pm-11pm的班，那時段是最困難的。因為可選的房間越來越少，要送走的客人又會慢慢開始出現。有哪個傻蛋願意老是這樣白白被挨罵呢。

其他值班經理都不大想去面對客人這些煩人問題，總是叫主管去應付。

但我不同。我覺得我既然是經理就必須要有經理的樣子。雖然很多客人看到我之後都不想與我合作或談話，"get someone else because you can't help me."（找別人吧，因為你沒法幫我）

但是我都會好好的跟客人說：「I am the only person who can help you right now.」（我是現在唯一能幫你的人），這也是個不爭的事實，因為其他高階主管早就回家去了，誰還會留下來幫助你處理這些事情。只有值班經理會在大廳一個一個的應付。但是我那時候也已經習慣了，反正下午三點來上班對我來說很好，我是個夜貓子，叫我一早起床可真是會要我的命。

在滿房期間，所有高階主管下班時都會經過大廳，和我打招呼：「Jerry, everything ok? good luck tonight!」我心裡想著，一點都不ＯＫ，這些沒有房間的客人們要怎麼辦？

雖然這是個高難度的工作，但我覺得我還是做得很得心應手，還可以說是

「游刃有餘」，我並不會告訴客人那些冠冕堂皇的怪理由，而會選擇據實以報，當我一說，「對不起，今晚我們沒有房了。」的時候，客人的反應是：

"That's ridiculous!"（荒謬！）

"You are joking!"（開什麼玩笑！）

"No, I am NOT leaving!"（不，我不走！）

"I used my credit card to guarantee the reservation!"（我用信用卡做擔保了啊！）

"Well, give me the presidential suite then."（那你給我總統套房）

"You must have some rooms left!"（你一定有些房間留著）

我的答案其實很簡單：

「對不起，真的很抱歉，我們真的沒有房間了，一切都是我們不好。」

「我知道您很累了，所以我們給您安排別的酒店了。」

「如果我可以的話，我現在給你蓋一間房！但是我沒材料沒工具啊！」

「如果有房我為什麼不給你呢？你罵我罵了那麼久，我也不是那麼愛討罵的人呀！」

其實這幾招都很有用的。因為我都會以客人的角度來和他們溝通，而不會只是制式化的虛應幾招，或是擺出一副事不關己的模樣。

「哎呀，如果我是你，我肯定會比你還氣！」這句話是我的致命武器，客人一聽你都這樣說了，他們就會比較緩和，因為他們感覺你可以瞭解他們的感受。

由於我在這一方面都處理得很圓融，客人的抱怨少很多，所以總經理對我很賞識，他覺得我很敬業，又努力。想找個機會把我升起來。

在酒店行業裡要升遷最容易的就是到同一個集團，然後找另外一個地點。那時我也努力的申請在邁阿密或舊金山的洲際酒店前廳部副經理的職位，只可惜上頭不給我的理由總是：「你沒做過前廳部副經理。」這些人都有先入為主的觀念，為什麼不肯用新人？想當初他們也都是新人呀，這個理由我不能接受。廢話！就是沒做過才來應徵啊！在這個梗上卡住了就真的很可惜。但是我也只能慢慢等待其他機會。

好不容易知道了俄亥俄州克利夫蘭的洲際要籌備開業，而且還是一次要開三家，第一家最小，只有一百六十三個房間。我覺得這是個大好機會，因為克利夫蘭不是個一線城市，很多人都不想去。而總經理他也願意用新人去小地方試試身手，於是我就被選上了。我高興的又叫又跳，好像是中了頭彩一般。

那位總經理也是房務部出身的，他覺得他可以帶著我邊做邊學，我當然也很樂意跟隨。而且這是做開業酒店的，一定可以學到不同以往的東西。

雖然我的工資還是被壓得很低，但是我覺得先學東西最重要，其他以後再說吧。我得先把「Front Office Manager」的title拿到再來說。我相當的興奮。於是收拾行李，告別了芝加哥，直奔俄亥俄州克利夫蘭市。

I am NOT impotent!

芝加哥的週末，尤其是秋天，總是最忙的時候。

洲際酒店出名的原因很多，它是一個房間數有八百四十五間之多的大酒店，西元一九二七年建造，它有許多宴會廳都非常的豪華，並充滿濃濃復古風情。因此不少當地有錢人喜歡在這裡辦婚禮。

結婚當然是個大事情，我每次看到新娘子從小到大就只為了盼望著這一天，就覺得很感動，因為這一天，她，才是眾人的焦點；她，才是在一個場合裡最美的；她，才是所有周圍人一起衷心祝福的對象。

在美國，婚禮的費用一般都是由女方出，所以新娘的父母親就非常重要了，而飯店內一個婚宴的舉辦可以從五萬美金起價，到十二萬美金都有。

正因為新娘的家長們對婚禮的無比重視。婚禮當天大家的壓力會變得很大，所以只要新娘在當日遇到不順心的事情，脾氣就可能隨時被引爆，而這些家長就更戲劇化了，會在酒店到處罵人：

「看看你們辦的好事，你們毀了我女兒一生的幸福！」這種話語常常出現，而越是高級的酒店，就越會發生這種事情，那是因為客人花了大把鈔票和心思，他們本就清楚知道要的是什麼，所以稍有與預期不同的地方，就會怒氣中燒，發起脾氣來。

我自己對舉辦飯店中的婚宴是非常重視的，因為我真心想要讓客人們很開心，讓新娘們在芝加哥洲際酒店能有個美好的終身回憶。

我會無比貼心的為他們提供周到的服務。有時客人僅是為了一點小事情喪失了理智，比如說花匠來晚了一點點，或者是新娘的更衣間還沒準備好，這些媽媽們就會在酒店的大廳內，發狂式的大吼大叫，想要藉著把一切都戲劇化，來爭取到注意或同情，如此才能把他們的事情排第一優先解決掉。

這世界上最會做這種事情的就是新娘的媽媽們，她們太緊張了，但還有一個人，我Jerry Mong，我可是得到母親的真傳。從小母親就愛演，我也不遑多讓，我記得小時候父母親帶我們去東西橫貫公路玩，母親很不高興，僅僅是因為我和妹妹沒有好好「讚美」她的那片美麗風光美景……，但是我可以很快地配合演出讓母親開心。

有好幾次這些新娘的母親們在大廳前吵鬧，我總是好意上前勸阻，這個時候，"I am sorry"根本不管用。

"Mrs. Bernstein; you need to calm down, right now."（Bernstein太太你得先冷靜下來）我上前和她好言好語的說，帶點「命令」的口氣。

"I am not going to CALM down! Look at what you did! This is My daughter's wedding!"（叫我怎麼冷靜，看看你做的好事，這可是我女兒的婚禮！）她整個人跟發瘋似的，只是因為化妝師馬上就要到了，但她女兒的新娘房間（換裝房）卻還沒準備好。

"Mrs. Bernstein," 這時的我很想揮一巴掌讓她清醒清醒，但是我不行。我只能緊緊地抓住她的手，緊緊握著然後說：

"Everything will be just fine!"（相信我一切會很順利）

"The changing room will be ready soon!"（新娘的更衣間馬上就會清理好）

"Plus the wedding is not going to happen for another 5 hours."（距離婚宴還有五個小時嘛）

"Believe me, I know you are extremely organized."（相信我，我瞭解你會掌握得很好）我趕緊又趁機誇讚她幾句，說她有優越的能力。

她瞄了我一眼，嘴角有著一絲的笑意。"Well....I know I am."（我知道我是這樣的人）這開始有用了。捧捧客人她也會開心。於是她開始緩和了下來，接著我又趁機繼續說：

"But you really don't have to do the makeup on the bride this early! Why you need to do the makeup so early anyway?"（你真的毋須這麼早化妝呀？為何要提早那麼多？）

"Are you serious?"（你說的是真的嗎？）她疑惑的問著。

"Of course; Mrs. Bernstein. If you do the make up this early for your daughter, the make up is not going to last; and she has to keep refreshing up during the entire ceremony. Don't worry; you are going to have a beautiful wedding!"（當然囉，Bernstein太太，這麼早就給你女兒化妝，這妝不會持久啊，到時候她在整個婚宴中又要一直補妝。不過別擔心，你女兒的婚禮一定會很美的！）

還有一次有三對應邀來參加婚禮的家庭，同時在一個非常忙碌的週末辦理入住，可是他們提前在下午一點鐘就到了。他們要參加的婚禮是那一陣子我們酒店收費最高的高檔次婚宴。女方家長把她們全國都認識的親朋好友全都給找來了，並且早就和我們的ＶＩＰ部門敲定有哪幾位是ＶＩＰ，房間要升級等等。而剛好這三對全都是指定的ＶＩＰ，在美國很好玩的事是若碰到不順利的事情，全都是太太在那邊大小聲，先生則完全不吭聲。而這三對夫婦來辦理入住時，我們前檯便清楚地告訴他們，房間還沒有好，而且辦理入住時間是三點鐘。這下子，三個貴婦們馬上火就上來了，開始發飆。

當然，我們的前檯也是有錯，一，他們應該要先讓這些ＶＩＰ客人知道酒店是會把他們當做ＶＩＰ來優先處理的；二，他們不應該說：「我們飯店是三點才能辦理入住。」

當時我們的ＶＩＰ經理上前要幫這三對夫婦安排房間，但他們的要求是一定要現在，馬上就入住，然後三間都是要套房，還都要面對密西根湖，不能面對樓房，還要在同一層樓……

我那時正在隔壁的櫃檯幫忙辦理其他客人的入住，我想這些人的要求根本是天方夜譚，因為我們酒店根本沒有一層樓有三個大套房的。

VIP經理很有禮貌地和她們解釋，但是她們什麼也不想聽，或者說聽不進去，直接和經理大吵大鬧了起來，那時的VIP經理是個女生，不知道為何，有可能是被這些貴婦們搞得受不了，結果她就丟下了一句話：

"I am sorry; I can't deal with this."（抱歉，我沒辦法處理了），然後頭也不回地就走了。把這些鬧哄哄的客人就那樣留在櫃檯前，臉上滿是問號和驚嘆號?!

「你們看！她竟然就這樣走掉啦！沒法幫我們還做什麼VIP經理！真是差勁！Hahahahaha……」她們的笑聲充滿了諷刺。

我那時也沒辦法，總不能把這些VIP客人就丟在那裡不管吧，我也不過就是前檯實習生而已，我硬著頭皮移到這三個貴婦面前。

"Hello Ladies; Good afternoon!" 我客氣問候。

"Just give us the rooms we want! For god's sake!"（看在老天的份上，你把我們

要的房間給我！）三個人對著我嬉笑怒罵的說。

那時我的想法是，先去把套房找出來，其他的要求如果沒辦法就沒法子了，除非他們還願意等候，但是我看他們是不會想等的。

我在系統裡一直找，把房型調來調去，花了一會兒時間，我很專心的幫他們服務，但是他們卻還是在那邊冷嘲熱諷的竟說些風涼話：

"This is ridiculous! He can never find us the rooms either."（真是荒謬！我看他也無法給我們房間的啦！）她們指著我說。

"What's wrong with this hotel, the manager doesn't care."（什麼爛酒店，經理也不管）

"And this guy takes so much time, he is incompetent!"（而這個人（指我）怎麼花那麼多時間啊，真是沒用！）

我這時開始火起來了，我都已經這麼努力的在幫你們了，你們還一直吵吵鬧鬧，嬉笑怒罵，害我都無法專心！我終於狠狠的回了她們一句：

"I am NOT impotent!"

瞬間全部的人都傻了，空氣凍結了三十秒，客人、同事，所有聽到我講這句話的人都用奇怪的眼神看著我，一句話都不敢吭，包含那三個喋喋不休的貴婦。

"What!" 我不耐煩的說了這個字（此時說what就是「怎樣啦！」的意思）當下我還很不解的想著，你們都在看馬戲團啊？反正只要你們不吵了，我能把房間鑰匙給你們後就不要再鬧了。

事後我才知道，原來我發音錯誤，本來他們罵我"He is incompetent." 是「他真是沒用」。

但是我回應他們的："I am not impotent." 意思其實是：「我沒陽痿。」……

這時候我只能真的是很無語。

7

Hotel生涯

　　當我看著一層一層的燈隨著辛勤努力慢慢地被全層關上，我的眼神就如同天上星星的光芒般會閃亮閃亮著，我很滿足那種完成的成就感，四周只有夜色相伴，但是看著眼前這個酒店就快要完成了，我一點也不寂寞，滿心歡喜的看著幾個月來努力的成果，好滿足。

我的人生，雖然不是一直都是筆直的道路，但是很幸運的，我的工作之途卻很順遂，在旅館經管的日子，我漸漸找出自己的工作目標和想要過的生活的輪廓，而且這些都是我喜歡的。

旅館管理這個行業也讓我覺得自己很像個「遊牧」民族，逐水草而居，哪邊需要我，我就飛到哪邊，而我的家正是我服務的旅館。

籌備開幕酒店

我在美國的洲際酒店工作了整整近十年，地點包括一開始的芝加哥、克利夫蘭、休士頓及亞特蘭大。

到了最後三個城市均是以籌備開業為工作主軸。酒店的開業籌備工作是相當辛苦的一件事情，但是相對也很有挑戰性。一旦籌備多時的酒店開幕後的那種成就感是筆墨無法形容的。

當開業那天把酒店集團的旗幟與當地的州旗掛上去，在旗幟升起那一瞬間，一整個雞皮疙瘩還真的都會起來。在籌畫的過程，一刻也不能放鬆，還要克服很多籌備期的困難，隨時隨地要打起精神，讓自己變得很強才可以勝任，所以我也可以說在強迫自己成長的過程中不斷茁壯。

我常說酒店的開業就像女人懷小孩一樣，懷胎十月，箇中滋味非外人能感受，心情的起起伏伏喜怒哀樂，也好像一首動人心魄的交響曲，時而悲時而樂，懷胎這十個月是很辛苦的，分娩生產那剎那更是想殺了每個人，從此不再懷孕（不再做任何酒店的開業），但是小Baby生下來之後（酒店開幕後），那種無法言喻的成就感，又會讓人想快快再去生一個，總之就是如此之奇妙。

於是，在我近二十年的酒店管理生涯中，一共參與籌備且開了數間酒店，在洲際酒店集團有芝加哥、克利夫蘭、亞特蘭大等地的分公司，到後來的費爾蒙酒店集團（包括南加州，中國北京）、新加坡濱海灣金沙酒店，還有目前已經營業中的西安臨潼悅椿溫泉酒店）。

一般來說，酒店的籌備期，是一定要找有經驗的員工才能勝任，但是很多人都不願意當先烈，怕被犧牲掉。但是我認為大家不去的反而是機會，有學習的機會當然要好好把握。

我們通常會在開幕前六個月到九個月就要先進駐。首先要先把硬體部分完成，這包括所有室內部分及外觀的裝修、水電機電工程，所有器具家具的採買與陳列等等。

那是個很複雜的工程，而我很擅長開疆闢土的特性，當時在洲際酒店集團還算得上是小有名氣的人物。集團內大家都知道有個東方人做前廳房務管理的，非常會開酒店。而其實回想起來，我那時也沒有做些什麼特別的事情或具備很強的能力，一切完全是我對員工或酒店施工人員的要求，相當嚴格，還有我肯堅持和願意吃苦耐勞，因為那是吃力不討好的工作，別人不想做的，我都不客氣的照單全收。

我和某些酒店高階主管不同的是，我並不喜歡「咄咄逼人」或戴官帽去壓人，取而代之的是比較柔軟的溝通方法去良性協調。比如說在酒店籌備初期，有很大的一部分是負責全部內部的裝潢工程，面對的都是一些施工的班底，其中當然不乏比我年長的工程總監或技術人員，在施工過程難免會有工人犯錯或施工品質有缺失，而這些人常都會對我抱怨：

「Jerry 這樣做行不通。我達不到你的要求。」

「會這樣是因為如何又如何……」

像這樣找一大堆推拖犯錯的藉口，想要面對年紀輕輕的我矇混過關，這一關我是比任何人都要來得嚴格，施工品質方面我是絕對不會有一點點的妥協，因為我知道要做到完美，唯有從小細節去注意，因為你連那種洗臉盆邊的Silicone膠有沒有黏平整都注意到了，其他地方他們就知道絕對無法馬虎過關了，我覺得在盯工程中，一些看似無關緊要的地方往往才是關鍵。

不過要求完美的我如果發現施工品質有瑕疵，並不會破口大罵，而是會好聲好氣的說道：

「你看看你們弄成這樣，如果這是你家，你覺得這樣的品質OK嗎？沒辦法吧，你看連我這外行人都看不過去。」

「這可是一定得修正，但是你修歸修，完工可是不能拖到我半點時間。」

這一招「說明白」外加「講道理」挺有用的，只要能讓他們明白大家都是希望工程品質好，沒人會故意刁難的。

這些施工的班底工人，因為看著我挽起衣袖沒日沒夜的隨他們穿梭在工地中，成天在他們面前晃來晃去，即使沒有敬我三分，也會幫我三分，我可是低下身真心的和他們「搏感情」，所以我籌備的酒店在裝修方面從沒出過紕漏，而我也在這些基本裝修工程中偷偷地「練功夫」，這些都是寶貴的經驗。

面對酒店施工的瑣瑣碎碎，有些人或許無法忍受，但是對我來說卻像小時候玩「扮家家酒」般新鮮有趣，每天都有不同的問題要面對，也要想辦法立即解決才行，日復一日的奔波勞頓很累卻很值得。每天都像在打仗，每忙完一層樓，還有上一層樓在等著你。那時飯店會在全層樓都裝修整理陳設完畢後，才一起關掉那一整層樓的燈，所以每當我看到幾百間房間的飯店又有一層樓的燈被全部關上，心中的那股熱情就如同著魔般更加火熱。

我第三家籌備的酒店有四百個房間，當我看著一層一層的燈隨著辛勤努力慢慢地被全層關上，我的眼神就如同天上星星的光芒般閃爍亮著，我很滿足那種完成的成就感，四周只有夜色相伴，但是看著眼前這個酒店就快要完成了，我一點也不寂寞，滿心歡喜的看著幾個月來努力的成果，心中無限滿足。

我在洲際集團十年的時間，很多時間都是在這樣為開幕新酒店打仗，所以有些人都跟我說過：「Jerry，以你的個性、外型，還要再往上爬的機會越來越難，而且你個人色彩太重。」不過也的確如此，一方面在國外飯店集團的總裁或總經理都是會挑有完整家庭的，最好是家庭幸福美滿，然後再養幾隻狗在家中庭院跑來跑去的那一種，而我單身一人，又總是被派往開新酒店，再者很多人甚至認為我只會或是只能做這種開幕的事情，但是我知道，我可以再往上爬，因為我一直有在為未來做好準備，我知道機會是留給準備好的人。

其實開疆闢土，籌備酒店開幕，便是意謂著一切「從零開始」。

那麼就要有豁出去拚的認知，因為我們除了要參與酒店硬體上的裝修完工之外（光是這一塊就真的會累死人），等施工完畢之後，還有所有酒店家具的陳列擺設、動線規畫、裝飾物的擺置，到員工制服的設計等等。接下來還有員工的招聘、培訓、軟體規畫與全面上線等重頭戲等著你，事情之瑣碎、之多，真的很難想像，不過我卻很樂在其中，那是一種難以言喻的成就感，對於這些一般旅館從業人員很難有機會接觸到的東西，我卻能一次就經歷完整，真是何其有幸。

尤其特別的是，對於員工制服設計這一塊，我特別有興趣，每次幾乎都會爭取參與的機會，每每看到親自參與規畫的制服可以很「賞心悅目」的穿在員工的身上，就好像每天都在激勵著我，這家酒店陪我走過一段「閃亮的日子」。

再來，員工的招聘和培訓，也算是酒店開幕籌備一項很重要的工作。在美國，基層的酒店員工有很多是拉丁裔、非洲裔，如果再加上白人和亞洲人，就如同一個小小聯合國，這種有多元族群建立的服務團隊，培訓起來也是格外辛苦，因為有時會因為背景文化的差異產生些許溝通或認知差別的問題。不過因為之前我在酒店管理的幾年經驗，我的同事或手下都是各色人種，在這一方面該注意的事都已經熟稔，所以能避開的事都會小心避開，加上我是來自亞州的黃種人，給人的壓力感沒那麼重，所以招聘和培訓員工，對我來說並不會太難。

一般籌備開幕的酒店開始會先找些有經驗的員工來支援，這樣方便可以很快上手，也可以有很好的帶頭示範作用，但是基層方面還是會在當地招聘新手。培訓不外是在知識與技能上的加強，主要是前檯人員、客房服務和餐廳的服務員等等。

比起那些制式化的標準動作，只要不斷反覆練習就可以（對客人說話的表情、動作及各種應對進退等等），在酒店管理上，我覺得強化「服務的觀念」更重要，不過這是比較意識型態方面的事，我認為並不是每個酒店的員工都一定具備這樣的認知，但是，是不是真心發自內心想要去好好的服務客人，老實說，是觀察得出來的。

籌備酒店開幕的工作很讓我迷戀，很多同事都說我這根本就是自找苦吃，別人不想調去的地方我卻偏偏一直積極爭取，別人覺得或許是低就的職位，我卻沒那麼在乎，我只能說「失之東隅，收之桑榆」，有些事看起來或許短時間是失去些什麼，但是看得長遠些，在另一方面我卻得到更多。

所以即使我常會工作到忙得暈頭轉向，但是每天一到酒店，我又會神采奕奕帶著笑容上工，因為我是為自己喜歡做的事而忙碌著，所以才能有旺盛無比的鬥志，讓工作的熱情可以取之不盡，用之不竭。

所以說，如果是抱著那種「三天打魚，兩天曬網」的心態去開酒店，那肯定是一間也開不成，一定要能堅持到底。若干年後，我每次想到那些年辛苦籌備酒店的過程，都還會有很興奮的感覺，彷彿又回到那些年，每天都在工地穿梭的時光中。

能讓人賞心悅目

我的用人哲學是一定要用看起來「賞心悅目」的人，當然我也絕對用同樣的標準要求我自己，我要求自己不管什麼時候看起來都要「賞心悅目」。我對於

「賞心悅目」的定義不是要靚麗俊俏，而是要讓人看起來「舒服」。

這或許聽起來很現實，但是和人初次見面的「第一印象」，卻常是我用人取決的準則，而且隨著年齡的增長我看人很少看錯。

在酒店旅館業的工作人員的徵聘特別是如此，我當然希望每個員工都是身材修長，最好全都是俊男美女之流，但這有時或許會不符合實際需求。比如說長得美笑得甜卻沒大腦不肯好好學習，這樣恐怕不能應付酒店旅館業的需求。

不過，我後來慢慢地發現能擁有「個人魅力」也很重要，所以我要求的是員工的個人魅力要夠，要能讓客人看得舒服，只要是不要妨礙到他人，我都很尊重每個人的獨立性，而且鼓勵他們有自己的獨特風格。

不過做酒店旅館業，最重要的還是不能忘掉的是真心「以客為尊」的那種愛服務的本質，服務意識是首要的。許多酒店旅館管理層只注重前檯員工的業務能力，往往忽略了這個人的服務意識，這樣是行不通的。

我特別喜歡選聘一些笑容非常惹人憐愛類型的員工，即使一開始在業務或應對能力上還不行也無所謂，因為這方面可以慢慢磨鍊，透過培訓好好琢磨就可。但是我深信發自內心散發出來的甜美的笑容能勝過一切。所以我所管理的前檯下，員工個個都是笑起來非常無與倫比的「賞心悅目」。

而我每次在招聘新人時，除了會先看一下外表儀態外，我也會透過很簡單的面談對話來瞭解他們的個性和喜好，例如我常會用再平常不過的日常生活的對話，來知道他們對於服務業這一行的認知，並且窺知這個人的個性和平日的生活態度如何。

「昨天晚上你在做什麼？」

「上個週末在哪邊過的？」

「你最喜歡哪家餐廳？你覺得他們的服務好嗎？喜歡他們餐廳的哪一點呀？有沒有什麼地方是你所不滿意的？」

「沒上班的時間喜歡哪些休閒活動？」

「喜歡聽哪些歌？哪種類型音樂？」

「有住過喜歡的酒店嗎？為什麼覺得它好？」

一般透過他們的回答與回應，我就大約能瞭解他們的個性如何，適不適合做酒店旅館這一行。一般來說，回答時態度自然大方，個性比較外向活潑、笑容親切的人，往往容易被錄取，而面談時穿著的得體合宜也會被列入考慮，因為這代表著你對你應徵工作的認識和重視與否。我在美國的酒店就有很多人是穿得邋邋遢遢、穿著球鞋牛仔褲就來應徵，也有人是袒胸露背要去夜店玩的誇張打扮，還有濃妝豔抹像個明星要去走紅毯，這些都不適合，畢竟只是應徵服務人員，又不是出席奧斯卡頒獎。

我最常告訴飯店手下的人員，他們本身就是酒店大廳家具裝潢的一部分，所以他們每天一定要打扮得乾乾淨淨而且光鮮亮麗才行。站姿一定要挺直漂亮，不能彎腰駝背，走路也要很挺。午餐休息時間後一定要先補妝才能再繼續上班。而男生也一樣要遵守對儀態和外表上的要求。

然而這樣的嚴苛要求在美國有時是會踢到鐵板的，因為美國是個極度「個人主義」的國家，動不動員工覺得不爽就可以告你。你絕對不能對你員工開玩笑說：「你太胖囉，少吃點。」「你個子矮。」之類的話，他們隨時都可以去勞動局告發你，說你讓他們的心理難受，說這個工作環境對他們造成壓力等等。所以對員工講出來的每一句話或是立場，都不能碰觸到灰色的模糊地帶，要不然可能會惹禍上身。

我有幾個這樣被投訴的經驗，在美國的時候，有一次，我看到一個黑人女同事擦了黑色的指甲油，飯店內並沒有禁止員工擦指甲油，但是規定要以「自然」為主，這個自然或許有些模糊，不過一般人就會覺得大紅大紫或黑色應該就是屬於「不自然」的範圍，我或許無心的唸了她幾句，老實說黑人塗黑色指甲一點都不突兀，反而挺好看的，但我無心的一句話就被當時的人資部主管把我叫了過去。

「Jerry，你是覺得黑色指甲油很不自然嗎？還是有什麼問題？」我支支吾吾地解釋著可能是我對自然色系的認知有錯誤，爾後我就對這一方面格外小心。

還有一次，晚上快要下班了，明天是假期，幾個同事開心的閒聊起來：

「週末又跑去哪兒玩囉？一定是和你的男朋友去約會哦。」

「哪有，那個人我早就不理他了，他是個廢人。」

「不是前幾天還好好的嗎？妳這個賤人。」大家都笑成一團，打鬧起來。

當然那時大家只是在開玩笑瞎聊天，但是無巧不巧，這對話竟被另一個女主管無意間給聽到了，結果都被訓了一頓。雖然她沒有參與對話，對話內容也沒有針對她，但是她對聊天的內容很有意見。

後來又發生了一件事，原本我們做飯店前檯服務生都會有每個月兩千美金的零用金，這些錢是飯店的，用來預防可能會遇到客戶或業務上的不時之需，每個月按規定都得檢查一次，錢是嚴禁挪為私用。好死不死之前這位女主管，早有不好的風評，聽說她喜歡挪用公用零用金，到月底再把錢放進去。正巧，有一次她休假去玩，而那個月又快到月底，財務部正好來檢查放零用金的保險箱，這一查就出了問題，那位主管挪用公款的事就「東窗事發」了。

前面我提過，在酒店旅館業愛用俊男美女，事實上也是，沒人不喜歡用外貌佳的員工，很多男性總經理當然都希望，前檯都是很漂亮的女生，但是如果他的前廳部經理是個女的，總經理也絕對不可以正面和她說：「記住，統統都給我找漂亮的女生來。」要不然這個女的前廳部經理很可能會告發這位總經理「性別歧視」，而在這一方面要很注意，以防不小心踩到地雷，特別是在歐美國家。

Jerry Mong是我唯一的Label（標籤）

在美國這個充斥各色人種的地方工作，其實也等同於一個小小社會的縮影，有很多細節得要拿捏得宜，尤其是管理方面。

之前有個管理課程提及：「一個經理人總是會被底下員工拿來討論，你的一言一行都被下屬拿著放大鏡檢視著，如果很多放大鏡一直照著你，就好像我們以前小時候在太陽底下拿放大鏡聚焦照昆蟲一樣，會被活活烤死的。」

很多人在美國會談到discriminations（歧視），歧視有很多種，人種、宗教、性別、性取向等等。我很幸運，我自認為沒有受過什麼歧視，但也許有，但是我不讓這些事情干擾我的心情，我覺得以自己的態度和做事方式來表達自己並且藉此證明我們都是一樣的，有個美國人曾說過：「這世界上就是一種Race，就是Human Race。」

或許這也是後來我常被其他人說我的個人色彩很濃厚的意思吧。因為當你有自己獨特的人格魅力時，大家可能都不會再去在乎你是哪裡人，你的髮色，你的宗教信仰等等。大家只會看到你是「Jerry Mong」。

當大家看到的你就只是「你」的時候，就會無視於我是黑頭髮、黑眼睛、黃皮膚，管理起來自然會比較容易。尤其在美國的工作環境，就宛如一個小小聯合國。當有許多員工發生爭執，或小主管處理員工不甚妥當的時候，各種敏感的「歧視」就會被提出來討論。

但是不可避免地仍會有人注意到我的黃皮膚，然而，我卻可以把它變成是對自己有利的工具，好比說，我的膚色在美國不會有那麼強的對立關係。我覺得這就是一個很好的技巧，如何把不利於自己的各種機會、場合，聰明的轉換成加分的優勢，這也是情商的一部分。我一直認為情商高很重要，社交網站上有則貼文轉po率很高：「情商低的把別人弄得不高興，智商低的把自己弄得不高興，情商低、智商低的人不僅自己不高興，還要把別人弄得更不高興！」可見大家都心有所感吧！

在美國，我常會和我的員工說：「My only identify is that I am Jerry.」當我處理任何糾紛爭執時，這個觀念顯得很重要，此時此刻，我以我工作職位的身分來做事情，不帶各種標籤，不帶各種情緒。

當然，我還是得花很多時間去瞭解來自不同背景的同事們的文化和生活習慣，唯有多瞭解他們的成長背景和想法，甚至是歷史風俗等，不管是相處或管理，才能有力度，進而讓底下的人真的心服口服。

炸雞一直是我從小到大最愛的食物之一，但是我到了美國才瞭解，炸雞文化與美國黑人有種特別的情節。因為我自己很愛吃，所以常和大家一起分享，芝加哥、克利夫蘭、亞特蘭大都是黑人居多的城市，許多黑人認為我跟他們很像，加上我天生的語言天賦，很會學黑人講話的那種調調與他們聊天說笑。但是反過來如果有其他人種如法炮製，就會被認為是在諷刺他們。很多我的黑人同事都說Jerry雖然有東方外表，但是一定有黑人的血統（African Blood），因為我們很合得來。

看電視也是讓我在美國能工作順手的原因之一，各種電視節目，尤其是Sitcom（情景喜劇）；短短的三十分鐘就可以很清楚的看到美國各種民族、各種地方的幽默與文化，對我來說幫助相當大。我之前很愛看的《黃金女郎》（*The Golden Girls*），就是說四個愛鬥嘴的單身老太太在邁阿密的生活故事。《鑽石女郎》（*Designing Women*），說的就是在亞特蘭大的好玩生活。《新鮮王子妙事多》（*Fresh Prince*）則是早期威爾・史密斯（Will Smith）扮演一個來自費城西部的街頭少年來到比佛利山莊生活的故事。這些許許多多有趣的節目讓我知道各地的風俗文化，也讓我能夠更得心應手的融入在美國的生活。

不過有時我們還是必須面對現實，畢竟這個世界上有太多人都喜歡替別人貼上標籤。許多人可能會因為被貼上標籤而怨天尤人，處處埋怨而一事無成，但是我不會，我非常認清這個事實，反而能用更樂觀的態度去面對，進而對我的人際拓展很有幫助。在美國，我常這樣認為：「我不是東方人，也不是西方人。Jerry Mong 是我唯一的標籤。」

好萊塢羅斯福酒店

然而我在好萊塢羅斯福酒店的時候，又是另一種特殊情形，另一種奇妙的場景。

這家酒店很有意思，在八〇、九〇年代原只是個揹包客住的不起眼的酒店，酒店也很老了，是西元一九二七年建的，第一屆奧斯卡就是在這個酒店舉行的。後來由於好萊塢大道（Hollywood Boulevard）慢慢地沒落，這間酒店也跟著行情下滑，一直到Kodak（現在是杜比〔Dolby〕）戲院改建好之後，附近也開始添加各種娛樂設施，這個酒店又被一個香港人買了下來，請別人管理後，把整個酒店改頭換面搞成一個時尚party的指標朝聖地。

我就是在那時當上羅斯福酒店的房務總監。對於我這個東方人來說算是個無比光榮的事情。在美國的狗仔隊新聞追星一定都會追到這個酒店，因為有太多的明星喜歡來此玩樂。歌手王子（Prince），明星琳賽・蘿涵（Lindsay Lohan），《朝代》劇裡的瓊・考琳絲（Joan Collins），還有出名的安潔莉娜・裘莉（Angelina Jolie），布萊德・彼特（Brad Pitt），芭黎絲・希爾頓（Paris Hilton）等等這些遙不可及的巨星，數也數不清。

一開始得到這份工作的時候，我發覺怎麼每個前檯，銷售部的員工幾乎都是俊男美女，不知不覺中好像走入好萊塢的電影、電視劇中，很不可思議。後來我才知道大部分的員工都是半兼職的演員，他們都在等待機會簽約、演戲和進入好萊塢。沒有活的時候就在酒店工作。

艾希莉・葛林（Ashley Green），《暮光之城》的女主角之一及《凱莉日記》（新版的《慾望城市》）裡演莎曼珊（Samantha）的琳賽・葛羅（Lindsey Gort），都是酒店當時的前檯接待及預定部的工作人員。

那時這家酒店是非常火紅的，許多想嘗試一下好萊塢生活的人都很好奇，狗仔隊更是常常光臨我們酒店追著明星們跑。可惜的是有些員工大概真以為他們是「大明星」了，在客服方面有的真的很差勁，但是這些人都實在長得太漂亮了，剛開始即使犯錯了，主管們都會輕輕放過。

酒店的制服也是很火辣，女生都是一件小的連身迷你裙，高跟鞋。印象中，第一次他們在我辦公室開會，我有個長沙發，五個女孩們一起坐下，翹起玉腿，還真是美景如畫。

不過倒是有許多客人和我投訴我們的員工瞧不起他們，其實我認為這有些都是某種投射的心理因素。就是意味著這些客人也許長得沒有那麼「好萊塢」，或身材不夠好，他們來辦理入住看到這些大帥哥大美女，難免就相形見絀，的確是有些小壓力吧，因為我們酒店這群帥哥美女軍團，只要一站出來，那種無與倫比的優越感和自信，相當自然的就溢於言表了，真的就是連話都不用講，氣勢就比人強，過於閃耀的光芒是有可能一不小心就刺傷客人的。

連我每天也要打扮的很光鮮亮麗才敢來上班；要不然和這酒店真的搭不起來。那時的我真的是要有萬分的自信心才能符合那樣的環境，我每天出門開著我的捷豹XJ8，在加州很少有華人開這款車，穿著名牌，開著名車，會讓我有種錯覺，好像也跟那些如明星般閃閃發亮的帥哥一樣，走起路來都不一樣了，那種很有自信的美好感覺都上身了。

但是我走馬上任之後，漸漸發覺有些特別美特別帥的員工的確是待客很沒耐心，於是我就一一把他們請走了。我特別重視客人在各種網站上對我們酒店的評價，這些都是不要花錢的PR工作，我必須要好好珍惜，因此，一旦有人在網路上投訴誰誰誰服務惡劣之類，查經屬實，我就會請他們走路。

慢慢的酒店服務相對的進步許多，外人對酒店的看法也不再是一個踐個二五八萬的囂張酒店了。雖然我們還是有點兒高調、浮誇，但是沒像以前那麼惡名昭彰了。

這個酒店有個夜場Teddy's，相當出名。不是隨便什麼人花錢就可以進來的。這些好萊塢的夜場都故意搞得神祕兮兮的。越是難進的夜場，越有人想要進來一窺究竟。每天我都收到好多Email問怎麼樣可以進這個Teddy's。那是我們有專門搞夜場的人幫忙經營，好比說今天只有金髮的可以進，明天只有黑髮的……各種玩意怪招應有盡有……。漂亮的女生才優先考慮讓她進場，男生單獨來的是不讓進的，除非你身邊的女伴非常出色漂亮。

有一回我與下面的保安總監一起巡酒店，我們從Teddy's的後門進去，然後看看整個場子是否有吸毒等等亂七八糟的事情，然後從正門口出來，看到外面排了一大票人在等著入場。現場只能用一片混亂形容，有喝酒的，有吵著為何自己進不來的，要怎樣才能進去……

突然在隊伍中的一個人指著手指對我罵，那位仁兄帶點酒意。

「你這個中國人（Chink）憑什麼可以進？」

因為他看我是從裡面出來，可能心中不高興了，還叫我Chink（侮辱中國人的一種說法）。

當時我的保安部總監很吃驚地馬上轉頭問我：

「Boss, do you want me to get rid of him?」（老板，要我攆走他嗎？）

我那時心中真是溫暖，也很高興屬下這麼護著我，我沒有立刻火冒三丈而是慢慢地說：

"Just a moment, I want to speak with him."（等一下，我想要和他親自說話。）

當時好多人都在場，都在盯著我看。我一個字一個字慢慢的說：

"Do you know who I am?"

其實做服務業那麼久了，我最最討厭的就是客人問我，「Do you know who I am?」我每次遇到這種情況都會在心中想著你是誰關我什麼事啊！有那樣了不得嗎？但是今天我也有機會用這句話了。這個人回答：

"I don't give a fuck."（我才他媽的不管。）

"I am the director who is responsible for the operation of the Hollywood Roosevelt Hotel."（我是酒店的營運總監。）

"Of course I can come in and out of my property whenever/however I want. Do you understand?"（我當然可以任意在我酒店範圍之內進出，你懂嗎？）

"And you are no longer allowed to be on my property."（而你以後也不准再來我這個酒店。）

"You can get the hell out of my face."（現在在我面前滾出去吧。）

然後我就如同武則天一般的架勢，帶著不容侵犯的傲氣離去。

變裝黑貴客

在旅館業有許多光怪陸離的事情，我們也都是見怪不怪。

有一次，我們的酒店來了一位客人，他帶了兩位黑人的變裝人入住，這兩位黑皮膚的男人化妝成女人，簡直長得比女人還女人，身材更是好得沒話說，因為太引人注目了，大家都很好奇，也猜測那應該是有錢人花錢僱來開什麼派對的。

第二日，登記入住的客人先行退房了。但是到了退房期間這兩位變裝貴客卻還沒退房，而且又找了另一位同伴要到房間內同樂，這時前廳部經理，一個白人女生就開始緊張了。

「奇怪，都快到退房時間，他們的朋友還跑來做什麼？」

於是她先緊張兮兮以電話通知他們，退房時間快要到了，希望他們可以退房，但是這位女同事似乎踢到鐵板了，這兩位很漂亮的變裝客說他的朋友說他們還可以再待得更晚些，所以他們才會另外找朋友過來。我想或許是他們誤會退房的時間，以為還有足夠的時間可以……

我的這位白人女同事把他們請到樓下說明，但他們很顯然不太領情，溝通似乎受阻，她把頭轉向我表示需要我來當救火員。

我看著眼前這兩位比女人還女人的男人說話時的嫵媚姿態，瞭解他們心中是有多想當女人，所以在面對眼前這位真實而且長得還很漂亮的女人，我的前廳部經理難免會有些敵意；所以換我上場，我就改以另一種姿態跟他們說話，我想他們戴上女人的面具，一定有很多人覺得他們很奇怪，所以走到哪兒都如此之醒目。

我突然想到了電影《金大班的最後一夜》裡面夜巴黎舞廳的場景。頓時我又想演了，於是我穿越時空，回到台北笑瞇瞇的飄到他們面前，跟他們稍稍聊了起來，夜巴黎裡的華爾滋音樂也在我耳畔響起……

「Ladies，不好意思，還把你們給叫下來。」從我同事和他們之前的談話，我大約瞭解了事情的始末，想當然爾，他們或許真的誤會了退房的時間。

「妳們真的都長得好美呀。」我想先胡謅一下，緩和一下剛剛僵在那兒的氣氛，等等再進入正題吧，不過近看他們還真是像極那種螢光幕前的名模，雖然妝濃了些，真的與其說是男兒身還不如說更接近女人。

「請問您的芳名？」我直覺他們應該不會太難搞。

「我叫Evian。」他揚起嫵媚的眉毛還帶著濃濃的鼻音。

「嗯，嗯，真是個好特別的名字。」我心想這不是和法國品牌的礦泉水同名嗎？

「你們好，我是Perrier。」我帶著開玩笑的語氣說我是另一種品牌的礦泉水，但一方面也擔心不知這樣開玩笑會不會太高調。

這時他們竟然噗嗤一聲笑出聲音來，我想他們應該是見我沒有任何殺傷力，我假裝很熱切地又聆聽了一次他們的說詞，把事情搞得更清楚一點，或許他們也沒說謊話，只是，可能大家對事實的認知不同，其實他們的態度還不錯，不是那種存心找碴的，最後我們達成一個協議，他們可以再延長一點原本退房的時間，然後就請他們乖乖地安靜退房。

其實會講這個例子，是要跟大家說酒店旅館業有時難免會遇到一些奇怪的客人或事情，但為了以客為尊，處理事情上有時也不能一板一眼，要視情況來做變通。

8

很愛掌控一切的總經理

我覺得我必須要先掌控一切，確保我的酒店失敗率或錯誤發生率降到最低。唯有親力親為，多問細節，親自看員工如何操作，知道他們的服務流程，才會讓我更瞭解酒店全面的運營狀況。我不容許失敗，我必須為我的酒店負責。我必須要掌控一切，等到自己對下面的部門經理們放心了，我會再授權給他們。

要就要「與眾不同」

在雲南撫仙湖悅椿度假酒店的游泳池畔架起了一個透明玻璃舞台，舞台上放置了一架很漂亮的白色三角鋼琴，鋼琴上並沒有放樂譜，一個著裝時尚的男人，認真的彈起一曲曲優美的樂章，他的雙手在黑白鍵上不停地飛舞，讓四周的人沉醉在陣陣悠揚琴聲中，曲畢，他起身向四周的聽眾深深地一鞠躬，接著如雷掌聲響起，一個美好的中秋池畔派對，正式開啟……

這個穿西裝彈琴的人其實就是我本人Jerry Mong，我常粉墨登場在酒店的活動中。

只要是在我酒店內籌畫的每個活動我都會親自參與，也會要求我的員工傾力配合，因為在每次酒店活動的籌畫到完成的一整個過程中，大家都可以學到很多新創意和新東西。

在我經營的酒店中，我常變換成不同的角色出現在不同的活動中，我的員工覺得他們的總經理有時真的是很瘋狂，像一個愛尋歡作樂的夜店咖，他們很喜歡跟我共事，因為常有意想不到的驚奇出現。

其實，現代化的旅館產業隨著網路行銷正面臨許多變革，現代人喜歡的口味和品味日新月異，所以一定要有新的經營模式，才能讓酒店的服務給人耳目一新的感覺，產生不一樣的附加價值，如此才能符合新的消費趨勢。例如我很喜歡在我的酒店中結合一些時尚的創意或各種主題，把它包裝成與眾不同的活動或饗宴，讓我的酒店「升級」又「進化」。

不過要跨越原有的酒店模式，打破舊的經營想法，也需要膽識，開發出源源不絕的新商機，創造新的商業價值，這一直是我在經營酒店做的事，而我的祕密武器，就是一定要「與眾不同」。

所以，在我管理過的酒店辦過很多很多前所未見且十分好玩的活動，我會設定不同的主題，然後跟我的團隊盡情激發創意，這很像以前小時候辦同樂會一樣，員工會和度假酒店內的客人一樣玩得開心得不得了。

當每天早上起床，我都會覺得很滿足，因為會滿心歡喜的想著自己經營的酒店曾帶給客人這麼多愉悅的感受，那種感覺很有成就感。

我喜歡在酒店的經營模式裡增加創新的元素，當然我也是會參考外國一些知名酒店的好案例，再融合我自己在外國那麼多酒店的管理經驗，所以我辦的活動都會讓人眼睛為之一亮。像是浪漫的情人節派對、露天電影院、萬聖節派對，聖誕節點燈儀式，泳池派對、時裝秀或一些藝文及公益的活動等等，我很能炒熱整個度假酒店的歡樂氣圍。

我認為要使客戶快速建立對酒店旅館的好印象，除了最好的服務之外，讓他們回味無窮的活動，是不可或缺的。我常說，好的旅館就需要好的活動來好好表現，不然就可惜了。

例如，我在曾經待過的雲南撫仙湖悅椿度假酒店三週年慶時，正好聊到一些經典的老電影，我就胡思亂想的想到不如來辦一場「倩女幽魂——穿越千年」的派對，應該會很有趣。

當晚，我們把度假酒店整個別墅接待區大廳改裝成一座裝修成復古廟宇（也就是倩女幽魂中的蘭若寺），然後，讓隨風飛舞的白紗與炭火搭建的火台在燈光觥籌交錯間交相呼應，而點綴其間的是一群穿著復古衣服的俊男美女們，有寧采臣、白素貞、小龍女、東方不敗、小倩等等，大家熱鬧度過了一個很特別的夜晚。

而我這個派對的發想就是以「古裝」和「武俠片」為主題，結合經典武俠和電影古裝角色，讓大家穿越古今看看不同的角色扮演，當然除了經典人物和背景的重現，我們找來酒吧看到覺得還不錯的ＤＪ，再加上最炫Cosplay團隊、專業影音設備以及派對場地搭建人員，讓氛圍完全符合目眩神迷與穿越古今的情境。

那一整場的活動辦下來，帶動氛圍High到最高點，給客戶留下難忘的回憶，而因為活動創新有看頭，第二天自然就博得媒體的熱烈報導。

這就是我常說的，Jerry Mong要做的就是要「與眾不同」。

Catwalk

以前我在美國每個開業的旅館培訓期間，我有一個這個業界沒有人做過的「創舉」，就是每天晚上我讓所有我這個團隊的員工上去走「T台」，也是如同模特兒走秀的伸展台。

我這樣做一方面訓練這些人的儀態和走姿，但是最主要的還是培養他們的自信心。而這一招不但很管用，還得到好評如潮。當然我自己也樂在其中，享受每一個過程。

由於我是個愛好音樂的人，所以我去找了各種時裝秀的走台音樂，讓我的員工跟著旋律節奏走出他們每一個人不同的個人風采。許多人都覺得我的方式很**Flamboyant**（意思是很賣弄，或很誇張炫耀），但也只有我敢做，而且結果都超乎預期的好。我每次都會在走伸展台之前先好好的激勵他們：

「把自己想成是名模或大明星，想像你自己是第一名模，大家的目光都聚焦在你身上。」

「想著你就是那顆最閃亮的星，你就是那個獨領風騷的人，現在要走出自己的人生舞台，就要有那種走路很有風的感覺才可以。」

「記得挺胸，縮小腹，最後要記得在前面擺個最有自信的**Pose**再轉身走回去。」

我像個模特兒公司的秀導一樣在台下發號司令，而這些原本膽怯的小朋友，往往幾次演練下來，也有了名模架勢，在台上看起來閃閃動人，光芒四射。

我的員工們都很享受這種T台訓練，我也會藉機鼓勵他們，人生就要像他們後來那樣，每一步都要走得很有自信、很精彩，而透過這小小的練習，這些前檯的服務員也慢慢地學習Catwalk的一些精髓，如完美的站姿、好的走路儀態、呼吸、眼神和一些身體的節奏感等等。這些其實在他們擔任第一線的工作時都很重要。我希望的就是只要代表旅館站出來，就是要有很美的個人風格才行。

在他們走台步的時候，我會要求並告訴他們的眼神應該正視前方，而不是看著地上。眼睛要能閃閃發亮，要很有自信的與別人接觸。他們走到一個定點後，還必須如同模特兒一樣，擺一個姿勢，然後用十分Fierce（犀利）的眼光看著其他員工。其實能看到他們這個樣子的表現自我，我也是樂在其中。因為我在指導他們的過程中也能進一步瞭解新進員工的個性和特色，知道他們的優缺點。

當時我們同旅館其他部門的人也都很想參與我們這個走台步的魔鬼訓練，因為我把它做得很特別，與眾不同，不過這可是只有在Jerry Mong的團隊中才可以做的「專屬」訓練，Jerry Mong的團隊也變成旅館中最閃亮的美麗團隊。

其實一旦員工的自信心有了，站出來的樣子挺了，儀態眼神都有自信了，我覺得其他的事情都不是大問題，可以慢慢再學習。

有了這些魔鬼訓練之後，我的員工們個個走起路來都自信滿滿，他們不會再垂著頭和客人低聲下氣的說話，他們會抬頭挺胸，以非常自信及專業的姿態去為客人服務，解決問題。客人們也會認為這是一個五星級酒店應有的服務水平及態度。

其實在旅館業服務這麼久，我常會有些創意和有趣的Idea去訓練我的員工，我希望我的員工都能在工作中發掘自己的潛力和特色。我也常跟員工們分享這樣的想法：「即使你有著再平凡不過的外表，但是只要你有自信，也願意和別人分享你的熱情和笑容，整個人也會更有自信和開闊。」

「自信便是你給自己最好的資產。」這是我經常跟員工講的話。

服務業的基本款

在酒店旅館業待了這麼久的時間，我常常和我的員工說「滿滿的自信心」是做這一行的基本款。

有人會說「自信心」，聽起來也不會太難做到呀，很多人都這樣想，但是其實並不是所有的人都會時刻注意這點，但是對於有志進入這一行的人，我想先送給他的就是這三個字。

有許多人瞧不起做客戶服務的這一行，我不怪這些人。因為我覺得我們有時連自己都會瞧不起自己，又要如何去要求別人？所謂自己瞧不起自己就是說你根本沒有尊重你自己的工作，把不好的那一面呈現給客戶，讓客戶留下沒被好好服務的壞印象等，這些都不能被原諒。

如果我看到有飯店內的員工不化妝，素著一張臉就跑來上班，我便會問她，「你出去和你男朋友約會這樣子打扮嗎？如果不是這樣，為什麼以這樣糟糕的狀態來上班？自己都這麼邋遢或垂頭喪氣，客人如何會給你好臉色看？」要知道在五星國際品牌的酒店裡，客人個個都是刁鑽客，絕對不能給客戶有絲毫挑剔你的機會出現。

有時看到員工睡眼惺忪地出現，或是吃完餐沒有整理服裝儀容，我會毫不留情地請他們先到休息室去把儀態和精神都先整理好了再出來：

「你看起來這樣無精打采，客戶會放心把事情交辦給你嗎？」

「瞧你的臉色這麼差，先去補點妝，好氣色是基本禮貌。」

我覺得這是一種尊重工作的態度問題，這一方面我決不輕忽。

我也常教訓我的酒店旅館的員工，自己的專業知識一定要有，如果遇到外國人的話英文要講得清清楚楚，不可以隨便帶過。低俗的語言或文字不能出現，而外在形象更要仔細要求到好還要更好的地步才行，如此才能獲得客人的尊敬。

許多飯店的員工也常會和我說客人怎麼怎麼地難搞或不講理之類的，事實上，在酒店旅館業什麼三教九流的人都有，不可能每個都是優質好客，遇到「奧客」的機會也會有，但是我都先問第一線員工們，是否做好了我上述的基本要求？如果都做到了，客人還在那邊刁鑽或不停羞辱我的員工，那我就一定會起身出來和客人理論。因為身為一個管理人員，我的任務之一也要保護好我的工作團隊，這個相當重要。員工會不會服你，有時就是看你會不會在他們出問題的時候幫他們打氣並撐腰。

我當然也遇過不少客人不講道理的情況，我曾經有幾次巡視途中，看到大廳前檯那邊一片鬧哄哄的，然後有客人在那邊用很難聽的話對我的員工大聲咆哮，我瞭解大致的情況之後，如果覺得我的員工並沒有犯錯，我就會上前和那位「奧客」好好的溝通講理，而如果他的情緒還是一時無法穩定下來，這時我就直接跟他說道：

「很抱歉，如果你再這樣鬧下去，我只好請安全人員將您送出酒店。」

通常話講到這樣，客戶反而都會安靜下來，只要情緒緩和下來，才有辦法繼續溝通，而員工知道他的老闆能明辨是非，會用客觀的立場來幫他解決問題，而非不分青紅皂白的一味責怪他，這時也會反省自己到底是哪邊疏忽了，讓客戶如此惱怒。

酒店就是我的家

我自己一直以來都以酒店為家，但我也希望我的員工能真心把旅館當成是自己的家一樣去經營。

我常跟歷年來待過旅館的員工說，「你們一定要感謝每一個客戶肯上我們旅館消費、要感謝客人願意花時間花錢住我們的旅館。所以要把他們當成你們自己好朋友來你家拜訪般地接待。」我也很願意花時間親自上現場巡視，近距離觀察前廳的員工和客戶之間的互動情況，因為我原就是房務出身的，會遇到什麼樣的問題，我大約都能掌握。

所以說我的酒店經營之道，就是把它當成你自己的家。像在家待客一樣地去思考，如何讓客人來你家之後覺得來你家裡玩很快樂很舒服，下次還想來，要怎麼才能把自己家做得更好，更溫馨，好吸引更多人想來。

我常告訴員工們，做好一個酒店，軟體和硬體都很重要。硬體是很容易拷貝學習或模仿，但是軟體就真的要靠實力和努力，學不來。軟體即是服務的員工、我們對員工的培訓等等。

我曾經在美國亞特蘭大喜來登酒店當過運營總監，那是一個有著近五十年歷史的老酒店，我去的時候雖已翻新過，但服務的軟體還是維持在幾十年前的老樣子，在那邊很多都是服務了幾十年的老員工，我一上任便覺得很多服務方面有待加強。我經過幾個月的細心觀察後，開始改善許多陳舊的習慣，培訓加強服務人員達到國際五星級的標準。

我苦口婆心的告訴這些老員工，能給客人如家般的溫馨感是很好的傳統，但是推動酒店「創新」的理念也是必要的，我不斷地激發他們對自我的肯定。他們雖然有和藹可親的服務，但是似乎缺少了那麼一點奢華的檔次。這也是我一直在Focus的大部分。

經過一年的努力，我管理的亞特蘭大喜來登酒店在當地兩百間酒店排名，就從原先的屈居中後段的一〇四名爬升到第二十四名，其中在奢華酒店中（Luxury Category）更進到排名第七。我努力提升喜來登酒店在亞特蘭大市場的競爭力，重點便是放在「軟體」上，也就是我一直提的服務層次，我努力去設立五星服務的標準平台，讓員工們有標準可以遵循。

所以我要求酒店旅館內服務員的服務都要很貼心，一定要微笑著去和顧客近距離接觸，「笑」就是人與人之間最好的溝通工具；而做事也要做到貼心，讓顧客有賓至如歸的感覺。另一方面，旅客的回饋是我特別重視的，客人有什麼不滿意的地方，經營的團隊就一定要去思考如何改進和做得更好。

網路行銷最能聚焦

我認為旅館服務是顧客至上，如何去營造一個很主動、又友善，以顧客為上的消費氛圍最重要，所以我會特別要求旅館內的每一位人員對待任何一位顧客，態度要真誠、親切，以留下最好的印象。

所有你和顧客對話的細節都是酒店品質的一環，如果有絲毫疏忽，讓服務品質不好，很輕易就會失去客戶的信賴，加上現在網路如此之發達，只要客戶在微博、微信、推特、FB或其他平台，給你一個負評，讓你難看，口碑傳播的效果會立即見效。所以現代化的經營必須要快速在網路上和消費者互動與溝通，同時再利用網路無遠弗屆的傳播力量，去達到最好的宣傳效果。

現代化的酒店經營管理除了網路外，許多媒體的宣傳或公關活動也往往顛覆傳統大眾傳播模式，網路行銷公關更好用，因為這樣酒店可以不用花錢就能和消費者即時互動，然後讓消費者幫我們免費做宣傳。

有一次，我在微博上的一個周邊微博功能上發現一位電視媒體記者入住了酒店，因為她在她的微博上發了新訊息，我馬上請主管特別關照，讓他們一行人在度假酒店中玩得十分盡興。果不其然，這記者回去後馬上就提報公司，對我們酒店進行專訪與報導。

所有酒店的促銷、節慶活動、廣告行銷等，都能在網路上充分應用。那是一種宣傳的思考的平台，而且還可以「以小搏大」。像我剛到雲南撫仙湖度假酒店上任時，我的手下都跟我抱怨說：「老闆，撫仙湖悅椿度假酒店，又沒多少人知道，沒打廣告，沒錢宣傳，你不用要求那麼高的住房率了！」「我們酒店的曝光率這麼低，客人都沒看到我們的廣告，哪會上門。」

我花了一點時間重新建立酒店的官網和微博，我自己也弄了個微博帳號與客人互動，鼓勵客人主動用微博與我聯繫。然後隨時注意網友的關注與留言，並經常更新酒店訊息和活動動態。幾個月過後，因為我們幾場活動辦得有聲有色，網路上越來越多人傳播，連平面和TV媒體也都自己找上門來爭相報導我們的酒店。

網路行銷可以有效創造和客戶間的第一線互動，讓人更有參與感，有時得到的效果更勝於平面媒體的宣傳廣告，也更能創造知名度和曝光率。再者，宣傳費用更低……

給人的感動度

以前大家都說要提升客戶好感度，我覺得現在是在好感度外，一定還要加上客戶的「感動」度。要讓客戶對服務滿意之外，還要覺得溫暖和感動，能很開心地去享受服務，他的感動有多深，就能為酒店帶來多大的宣傳。例如很多人會隨時在FB或微博放上在酒店度假的照片或住房感受，只要我搜尋得到，我都會一一回覆他們，那麼他們心中的感受絕對不同，如果看到負評，我就會把相關的團隊抓過來問，讓他們知道這個負評有可能幫酒店帶來多少傷害。

兩年前，我在雲南的度假酒店，是一個有著七百一十一間房間的大酒店，旺季時生意好得不得了，有時在入住Check-in難免要等待，有一次，我發現有個客人在他的微博上寫著：「太誇張了，這Check-in等得也太久了吧。」我看到之後，立刻打電話給房務部經理，想要瞭解到底是怎麼一回事，然後指示立刻對那位客戶加速辦理並致歉，所以因為小小的一個動作，便讓那位客戶不舒服的感覺稍稍改變，覺得我們酒店很重視客戶。

還有一次是來自台北的一位貴婦，住在我們的Villa區，那位客戶每天清晨都要喝英國某個知名品牌的紅茶搭配新鮮牛奶沖泡的奶茶，並要求早上六點半要送到，我在出差前有特別交代餐飲部，但是下面的服務生還是疏忽了，不但沒有準時送達，有一日還忘掉了，這件事讓我大發雷霆，把全房務部的人都叫來訓了一頓。

「這是怎麼一回事，你們第一天不準時、第二天還送錯房，客人當然要生氣，要知道就是這些小細節，就是客戶幫你打分數的關鍵。你們這麼草率，如何讓客戶能夠滿意，簡直是丟酒店的臉，現在就是要你們檢討錯誤為何會發生。」

我總會利用每一次客戶的回應，給員工一次次震撼教育，讓他們瞭解同樣的錯誤絕對不准有第二次。

一樣的，我會上網路，如微博、微信或是有即時點評的易遊網等，我也會花時間去一一回覆，點看每個旅客對我們酒店的評論，什麼餐廳的菜不好吃、服務員態度不好、房間清潔不佳等等，有任何風吹草動，我都不會放過，事後會把一整個團隊的人找來一一討論問題出在哪個環節，要如何改進，而我的員工都覺得我這個總經理實在太神通廣大，沒有一件事可以逃過我的手掌心，這一切還真的要拜微博、微信、FB網路平台所賜。

所以即使沒走出總經理辦公室，我也可以一手掌握酒店內所有的動態。

「老闆，你真的是料事如神。」

「老闆，你人在國外，怎會消息那麼快？」

「總經理，連這個你都會知道，下面都還沒報告我這事，我也還在瞭解當中。」

我的員工都覺得我實在太厲害，有時事情都還在處理當中，我瞭解酒店內任何事情的進度永遠超前他們。因為畢竟經驗足了，酒店大概就是那些事。再加上我其實不太愛待在辦公室，我喜歡在酒店中隨意走動，隨時會出現在任何一個角落，所以員工總覺得我「神出鬼沒」。

我本人非常喜歡和客人們聊天，尤其是透過手機的APP或即時通訊功能，如果是在飯店內碰到客人有任何問題，我喜歡面對面回應，然後請他們給酒店建議，當然我總會不厭其煩地叮嚀員工，注意服務的每一個小細節。

有一天晚上大概一點多左右，我在看酒店周邊的微博，有位客人發了個帖子說她很餓，半夜剛泡完溫泉沒東西吃。她問了我們的送餐部，但是沒有她想吃的。她想吃的是泡麵。正好我房間有，我就在她帖子下面留言，說我會叫我的行李員送到她房間。她感動得一塌糊塗。我覺得這就是一種很好的服務。飯店總經理能夠親自看到客人所發的文，還願意自己回覆，幫忙解決問題，這就是會讓客人感動的地方。不過這位客人太感動了，後來一直糾纏了我很久，這倒是我始料未及的……

樂在「分享」與「學習」

我是一個完全沒有架子的主管（雖然很多同事們都說我的氣場很足。可能是我比較高的原因吧），管理風格也是比較「美式」，我不喜歡那種高高在上、咄咄逼人的官僚作風，也不會用這樣的方法去對待我的員工。我認為管理應該是要能與人「分享」，也要能跟你下面的人一起「成長」和「學習」。

所以我每次到一個新的酒店旅館當管理者，會先以「全館走透透」的方法來熟悉環境與人事物，我會找很多機會和他們接觸、和他們聊家常，知道他們喜歡什麼、對酒店有什麼想法與看法，也讓他知道我處理事情的基本態度和原則。

有時，一些酒店在當自己親自管理之後，自然會發現問題很多。例如，一些老員工工作鬆散、服務態度和觀念都不夠現代化，或是處理事情的流程雜亂無章等等，一開始或許不是短時間能改善，但是只要有辦法先找出問題點，然後好好溝通和重新訓練，問題不難解決。

所以剛到新的酒店上任開始，我會凡事親力親為，去瞭解所有酒店工作的流程、作業模式，也會親自主持簡報會議，和最前線的員工直接溝通，透過實際接觸去瞭解酒店各個領域的面向，就能很快進入狀況。

但是我覺得身為一個管理者要對員工好，卻絕對不能放任員工，這一點要分得清楚。對員工也要充分信任，因為酒店的整體營業績效是建立在整個團隊彼此的信任和分工合作上，而不是只落在Boss一人身上。

想法子去激發團隊的效能就能提高營業績效也是必要的，我喜歡用賞罰分明的方法。很多時候，我的營業部同仁可能會對目標業績的數字抱怨東抱怨西的，沒有魄力……

「老闆，你給我的預算，人員編制就這麼一丁點，你要我怎麼去達到你要求達到的服務水平呀。」每次員工看到我所做的年度預算都會在一旁哇哇叫。

「好，你告訴我你的理想數字是什麼，如果我給你要的，你就沒有藉口達不到你的KPI。」

我總會認真的回應，表示這件事不是開玩笑的，先給足他想要的，沒話說之後，他們就會乖乖去衝業績，但是如果該給的都給了，還達不到目標，那肯定要罰。我認為權威形象是建立在這些地方，對於工作的要求我是很嚴格的，我需要對全公司的事情負責任。

但是，和我私底下相處，就會知道我是一個很有人情味的總經理。員工要來找我訴苦聊心事什麼的，隨時都張開雙臂歡迎，我也會很注意每位員工在日常生活中都喜歡聊些什麼話題，去注意每個人不同的個性喜好、看員工們彼此之間的互動，也會觀察出每個人不同的特點。

可能因為我受西方文化影響較多，在管理方式我是那種比較Free-Style風格的，絕對不官僚，當員工們在工作中或生活中遇到問題時都可以直接來找我談。我覺得大家的時間都十分寶貴，沒必要卡在一級一級的環節上。

另外一方面，我也希望自己手下各部門的負責人能獨當一面，我不覺得各部門負責人應該隨時來向我請示或報告，因為既然我都已經賦予負責人職權，那他們就要有一個負責人的樣子，應該說我百分百信任員工也會百分百充分授權，但是如果真的沒辦法做好我交辦的事，那我也會很嚴格。

9

來到中國十三朝古都——西安

二〇一四年中，我被悅榕集團調到西安，準備管理即將開業的西安臨潼悅椿溫泉酒店。這個酒店以唐朝的建築風格為主，還附有溫泉，溫泉的水源頭就是當初楊貴妃在華清池洗浴的源頭。酒店距世界第八大奇跡兵馬俑也很近，就在驪山腳下。其他景點還有華清池、「西安事變」中蔣介石被挾持的地方等等。

我高中的歷史很差，但對一些中國歷史故事卻很感興趣。尤其是周幽王在驪山上的烽火台那一則典故，周幽王為了取悅他那不愛笑的愛妾褒姒，突發奇想在烽火台發難點火，讓眾諸侯匆忙趕來營救，最後大家發現原來是假的，但愛妃褒姒卻因此笑得非常開心，這也就是「烽火戲諸侯」的故事。

而最近在大陸熱播的《羋月傳》，講的則是秦始皇的高祖母的故事，傳說這些兵馬俑其實是為她做的，而不是秦始皇。然而最最經典的莫過於楊貴妃與唐明皇的愛情故事了，也正因為有了這麼多的歷史傳奇故事的加持，讓我對西安臨潼悅椿溫泉酒店有了更濃厚的興趣和感情。

突發性耳聾

我來到酒店是大概是二〇一四年的七月，進入眼簾的只是一片工地，我馬上與業主溝通，訂好開業時間。我認為連個開業時間都沒有，這樣工作無法有壓力，酒店員工也會慢慢鬆散下來，於是我們決定要在十一月一號開始試營運。

那段日子，我日夜不分，一股勁的只想將工作做到盡善盡美，但還是覺得每天的時間都不夠用。我一向沒有吃早餐的習慣，午餐有時忙著忙著也就忘了，所以就只能等到晚上，由於酒店還沒有開業，吃飯變成大問題，我大概都是忙到晚上九點多才會到外面覓食。

就在九月，我們準備要試第一次餐，我很興奮。那天正好也是悅榕集團慶祝成立二十週年，在曼谷開party，各區酒店連線實況視訊轉播，我也請了我們業主們來參加，場面非常熱鬧。

然而當天早上，我從椅子站起來時，左耳突然嗡嗡地響，剛開始我覺得有些奇怪，但一忙就又不管了，晚上大家在試餐慶祝，我喝了些酒。喝完後感覺好累，回到家都坐在浴室裡沖洗，很勉強才爬到床上睡覺。

第二天，我突然發現有人在我面前和我說話，但是聲音傳過來的方向有問題。當我拿起手機想要和酒店其他人聯絡，我把手機放到左耳卻聽不見任何聲音，我原本以為是手機有問題，但是發現撥了手機，嗶嗶嗶嗶的聲音在我把手機放在桌上時又重新出現，我才驚覺問題有多麼嚴重，我的左耳可能聾了。

剛開始的兩、三天我想應該是那陣子過勞，休息幾天就會沒事，我想這應該是突發性的。但是沒想到狀況卻一直沒有起色，我在左耳附近拍打卻一點聲音都沒有。

我開始有些害怕，於是跑到西安的一家耳鼻喉科醫院掛門診，醫師做了很多測試與治療。我是個很少上醫院的人，對於醫院有莫名的恐懼，一個人在異地生病壓力也是相當大。在西安治療的過程非常痛苦，有一個療程是將很多電針插在耳朵附近，讓人難以忍受。還有其他各種的療程、照光、灌藥，加打點滴。幾乎各種方式我都試過後還是沒有好轉。

我每天拍著我的臉，期盼會有奇蹟出現，讓我可以聽到聲音。

人都是這樣，一旦失去，才體會到擁有的可貴。以前我走在酒店聽到小孩哭鬧聲，客人吼叫聲，都希望他們能夠安靜下來。而現在我的左耳聽不見了，才覺得這些理所當然的聲音成為奢侈，我多麼渴望能再聽到其中任何一些聲音，小孩的哭鬧聲也好、客人的抱怨聲也無所謂。但是，我連自己彈鋼琴的聲音都聽得不是太清楚了，我會不會就這樣變成了殘疾人？我左耳已經失去聽力，這會不會影響我未來的工作？我巔峰的職業生涯才正要開始，我還想準備好好幹個十年以上，做我熱愛的工作，一切難不成都要成為幻影了？

就在我耳聾的第五天，我打電話給我台灣光仁中學的同學，他們一聽就建議我馬上回台灣治療。並在網站上面幫我搜尋了著名的耳鼻喉科醫生。我心想這樣也好，在大陸也不知道能不能治療好，我馬上訂了機票飛回台灣。

回台灣就醫

每次回到台灣，我都是找光仁的同學吃喝玩樂，我們這群好朋友很有意思的。有貴婦、音樂人、黑道老大、賢妻良母、家庭主夫……。大家因為FB，在二十年後又開始聯繫。已經過世的竹聯幫老大之一的田震宇就是成員之一，印象中的田震宇在高中就是愛打架鬧事，但是他對我卻相當照顧。我常喜歡坐在他大腿上打鬧，大家都玩得很開心。但是他在高中出了很多事情，後來就離開了光仁，二十多年以後再見到他，他已經是竹聯幫的堂主之一。但是我們這票高中同學在一起的時候都是回想年少輕狂的往事，我們不提現在。田震宇有一次告訴我他很高興大家能夠都聚在一起，因為他很久沒有笑得那麼開心，那麼純真。

我是晚上到了台北，貴婦同學帶我去萬華吃了個麻油雞。

「我的聽力喪失了一半，怎麼辦？」我很沮喪的說。

「明天我們就去振興了，你今晚先好好休息，什麼都不要想，不會有事的啦！」我的貴婦朋友安慰我。

第二天看到醫生，醫生做了一個簡單的測試，就說這是突發性耳聾，要給我開類固醇，並且建議我做高壓氧的療程。當時我並沒有住院，我住在西門町的一家小飯店，我的貴婦同學突然想到她有朋友之前是醫生，現在在做自閉症小朋友的研究，在小巨蛋對面有高壓氧艙的醫療設備。

在台北的第一個星期，我的食慾還不錯，西門町好吃的東西很多，我每天就是吃和睡。可能太久沒有好好休息，吃睡對我來說是一種享受。我每兩天坐公車去做高壓氧艙的療程，打營養針，服用類固醇……。每天晚上我看著我的手機，把音樂打開，貼在我的左耳，期待奇蹟出現。

但有時候自己會很沮喪，還好有好同學陪在我身邊，陪我說話聊天，損我罵我，讓我有存在感，其實我很享受這個過程，在酒店上班時，我的員工都不敢和我亂開玩笑，但是回到台北，同學罵我罵的狗血淋頭，反而讓我開心。或許是心情保持輕鬆愉悅，謝天謝地，終於在我回台灣第五天開始可以聽到一點點從手機放出來的音樂了。到了第七天，我又回振興複診，醫生說我最好是留在台灣，把自己「當豬養」是他給我的建議，要好好休息，多吃多睡。

果然在他的建議下，我慢慢恢復了聽力。我不知道我有沒有完全恢復，但是我感覺已經很好了。

這是一次難忘的經歷，我算很幸運，因為我後來才知道突發性耳聾的七～十天是黃金期，這段時間一定要趕緊治療，很多患者錯過機會而沒有好轉。這也是我第一次感到人的軟弱，一個小病就可以輕鬆擊倒你。

我在酒店做管理的時候，總是秉著一種「Can Do」的態度，從不願放棄，只知道往前衝，發現錯誤、改正，嚴格地要求一切照SOP走。但是，身體卻不能這樣操作，剎那間我明白了健康的重要性。沒有健康的身體，什麼都沒有意義。

大明星的風範

在奢華酒店接待名人是工作的一大部分。

在我工作生涯也碰過無數的名人。音樂人有著名的世界三大男高音之一的多明哥（Domingo）、月光女神莎拉・布萊曼（Sarah Brightman）、老鷹合唱團（Eagles）、黛安娜・羅斯（Diana Ross）、真命天女（Destiny's Child）裡的凱莉・羅蘭（Kelly Roland）；演員有鞏俐、陳沖、珍・方達（Jane Fonda）、梅爾・吉勃遜（Mel Gibson）……，多到我自己都數不清了。

但我有一個習慣，就是從不要求與這些人合照。雖然我心裡非常想，但是我覺得這是一個酒店人應有的道德。這些名人下榻我們酒店，也是想要有自己的私人空間，這是必須要被尊重的。

先說我接待過的一位內地女明星吧。她可是無人不知無人不曉，有一天，聽說她要為她的新電影做首映儀式，我非常開心，因為可以目睹她迷人的風采。再加上我覺得她的style非常有國際名媛的風範。

當晚的接待很低調，我與幾個同事在酒店比較小的出入口等著。雖然我們已經保密到家，但是很多粉絲還是冒出來想看看這位大明星。我建議她從地下車庫出來，這樣比較快也可以避開人群。不過接待的本地旅行社意見有些分歧。

當黑頭車一到，我習慣的把手機放在口袋裡，準備伸手接待客人。女明星下車後，有個經紀人陪同，我後面跟著很多工作人員準備接待，提行李等等。我正準備開口對他們表示歡迎，沒想到這個經紀人對我後面的工作人員咆哮了起來：

「幹什麼？手機統統給我收起來。」

「統統不准拍照！」

「沒聽到嗎？你們拍什麼拍？」

我當下確實嚇了一跳，怎麼劈哩啪啦的就開口亂罵人。這些人也不過就是些好奇的粉絲，想一睹大明星風采，又不是狗仔隊，我可以理解不想被拍照的用意，但是也不必要對人怒罵不留顏面吧，這些人的素質我已略窺一二了。

我看了這場景後不想再多說些什麼，更懶得跟這些人寒暄打招呼。就在我們一邊走到房間的路程上他還嫌路途太遠了，我懶得看他更不要說搭理了，連電梯我都沒送上去就走了。而這位女明星一路上什麼都沒說，連聲感謝的話也沒有，我一輩子接待了這麼多名人就屬她最為冷漠。

要知道我們整個酒店為了她這次入住花了多少心思，酒店沒有得到什麼利益，更沒有讓任何媒體或社群網站報導，還讓她免費入住，之前我的同事們說這樣的機會難得，既然是免費入住，可以要求這些名人發微博、微信、合照等等。但是我覺得沒任何必要。一個成功的酒店（飯店）不是以你接待過多少名人來衡量，至少我這麼認為。

幾年前，我曾在新加坡濱海灣金沙工作時，接待了女王級的人物，就是鞏俐。那時候酒店馬上要開業，整個酒店也包括賭場，飯店，餐廳，名牌店等，鞏俐為一個品牌代言，所以入住我們酒店。

我當時興奮的不得了，因為我一直很崇拜她。鞏俐的氣場一直很吸引我，我看到她在各種國際場合的穿著、Pose、談吐都讓人癡迷。由於那時候酒店房間還沒正式開業，於是我先在她要入住的套房內住了兩個晚上，以確保房間沒有任何問題。插座有電、電動窗簾遙控都沒問題，洗澡冷熱水……等等細節都完全OK。

鞏俐來了，我帶著幾個管家服務一起上去見她。她本人看起來比較清瘦，她有點半斜躺倚靠在套房裡的貴妃榻上，嘴角上揚帶著微笑。

「鞏俐小姐您好，我是Jerry。」我笑盈盈的說。

「這幾天我們會好好服務您的，有什麼事情請隨時吩咐，您的房間旁邊也會有我們的管家住著，隨叫隨到。」我一邊說著，感覺我似乎應該跪下來，因為她的氣場實在太強了，整個人閃閃發亮。

「嗯，謝謝你啊！」那個「啊」聲調很客氣的往上揚，頓了一下。

第二天早上，我接到她助理的電話，慌張的告訴我，鞏俐的房間昨晚半夜一點後就斷電了。我聽了差點沒暈過去，問她助理當時有沒有通知我們的管家服務人員，她說沒有，因為鞏俐嫌麻煩，也怕叨擾別人。

我馬上把我工程部能找到的人都帶上，趕去房間，她那時候正好在用早餐，我在外面等著，一邊著急地想，怎麼會出這種事情，我住得都好好的，怎麼她一住就變這樣，難道是Murphy's Law嗎？真是倒楣！

「進來吧！」鞏俐宣了……

太崇拜她的我又想下跪了……，看到她又輕鬆地斜躺在那個貴妃榻上……

「鞏俐小姐，真的很抱歉，這種事不應該發生的，昨晚真的不好意思了，但是我帶了我的工程部團隊來修，沒有問題的。」

「嗯，好吧！」她看了我，就說了這麼一句。

但是她看到我帶了很多人來幫她解決問題，或許是感受到我對她的重視，這點我是做得非常好的。工程部到處檢查，後來告訴我：「這房間沒有任何問題。」

我轉達給鞏俐的助理，助理說今晚鞏俐會在套房招待一些客人，叫我注意一些。

隔天早上，我又接到電話，說客人走了後，鞏俐想要洗個澡，結果又斷電了。這實在是太離譜了吧！怎麼這麼邪門？我硬著頭皮到房間準備讓她好好罵一頓，反正也沒關係，這世界上有多少人渴望被鞏俐多罵個幾句。

沒想到她只說了一句：

「沒事兒，我氣場強，沒辦法。」

這才是大明星的風範。

我對泳池的情有獨鍾

當初悅榕集團問我願不願意調到西安時，我第一個想確認的就是該飯店是否有泳池，那對我來說是最重要的事。

那時我還在雲南撫仙湖的飯店，它依傍著撫仙湖，湖水清澈透底，飯店設有各種戶外泳池，其中有一個最大的泳池水深兩米，長四十二米，這讓我想到了在圓山飯店山腳下面的台北圓山聯誼會，一個我成長中很難忘的地方。

這一路我做了那麼多飯店，幾乎每一家都有著漂亮氣派泳池。芝加哥洲際的飯店泳池在整棟大樓中間，它不像一般飯店泳池在屋頂或地下；費爾蒙Newport

Beach 的飯店泳池則是法國航空空服員秀身材的好地方；好萊塢羅斯福酒店的泳池更是各種時尚Party，所有LA名人要去的朝聖之地。雖然當時每個酒店的泳池都各有特色，但是我還沒有做到總經理的層級，所以能夠下水玩的機會不多。

由於我父親工作的關係，小時候我家是台北圓山聯誼會的會員。每個週末我們幾乎都在那裡消磨時光，特別是在豔陽高照的夏天。爸媽總是先在網球場打個網球，我和妹妹則在泳池游泳玩耍。

我其實已經不記得我是怎麼學會游泳的了，這是我唯一擅長的運動。一般的蛙式、自由式、仰式對我來說都不是問題。爸爸從小教我們不僅要學會游泳，還要學會跳水。他覺得進泳池扶著梯子不夠體面，要跳水才夠Cool。他從小灌輸我們這樣的觀念，所以這幾十年來，我總是以跳水之姿優雅地躍進泳池。

我記得圓山聯誼會的泳池長五十公尺，有淺有深，還有一公尺、三公尺的跳板，印象中跳板下的水深有差不多有五公尺深，我常潛水看到妹妹的兩隻小腿距泳池底好遠好遠，那影像深印腦海。

而父母親總是帶著太陽眼鏡在池邊悠閒的坐著。父親有時會到一公尺的跳板上彈跳入水，我都不知道他怎麼會做這些事情，有時他還會背對著泳池然後往後跳，頭先進水，身體筆直下水，而幼小的我總是在旁邊張著嘴覺得驚訝地看著。那時自己也會自不量力跑去跳板上練習，希望可以得到父親的讚美認可，但是我永遠無法像父親跳得那麼好，我記得他的雙腿總是彈跳得很直。

每一年暑假，我們全家人總是在台北的豔陽下曬得黑黑的。爸媽本身就比較洋派，所以曬得黑黑的一點都不會在意。而這些年來我也變得如此，特別是這幾年當上了總經理之後，再加上我很少離開酒店，酒店的泳池自然而然就變成了我休息放空的絕佳地方。

以美國人的身分來中國做酒店總經理，的確是比在美國Hotel做總經理福利要來得多上許多。在中國目前外籍的總經理基本上都被要求住在酒店裡面，在酒店裡也不愁吃的，房間有人打理，衣服有人洗，總經理有配車和司機等，生活的確會比在美國要來得輕鬆。以前我在美國的時候，回家自己還要做飯、洗衣、打掃，週末放假還要到超市買菜，那是完全不同的生活節奏。但是這幾年在中國，則完全不需要擔憂這些瑣事。而我似乎也比較適合這樣的生活，我的生活幾乎百分之百都在工作，而我目前的酒店工作環境又都是度假型酒店，不缺遊樂休閒設施，所以，我十分Enjoy staying in the hotel all the time。

來到了西安，除了有溫泉區域之外，我們酒店有室內及室外泳池，而且兩個泳池是互通的。在夏天，客人可以從裡面游到外面。我總是喜歡坐在外面，塗著仿曬劑，看著我的客人在泳池玩耍，也慢慢回想著小時候在圓山飯店的各種情景。

大部分的中國人審美觀念是以皮膚白為主，我自己則因為本身瘦，覺得白看起來不健康，從小曬黑就也已變成習慣，很多客人來到泳池看到我一個人在陽光下曝曬總覺得很奇怪。

由於我們是度假酒店，我在美國飯店泳池熟悉的時尚元素在這裡便比較少些，大部分來玩的都是家庭，中國的小朋友很幸運，父母疼，父母的雙方父母更是把小孩當寶石般捧著，很多我們的生意都是這些小朋友吵著爸媽，指定要來我們酒店玩，以至於夏季幾乎每個週末都是滿房的狀態，同時約有一千人在飯店中。每每看著家長們帶著小朋友們玩水我也看得很開心。

其實我本身是很怕小孩子的，尤其是那些任性愛吵鬧不聽話的小孩，在中國這裡稱「熊孩子」，我總是盡量保持距離。但是看到那種可愛溫順的小朋友我又很著迷，有時也會有衝動想自己不如養一個算了的念頭出現，但是又會想到小孩總是會有哭鬧的時候，到時我一定會承受不了的，因為我酒店的工作已令我夠操心的了。

我記得以前和家人在圓山聯誼會的時候都是很有規矩的，不敢在爸媽面前亂吵什麼的。當時我游完泳很想吃冰淇淋但卻不敢說。

"Amy, you know what I am thinking?" 父親常在泳池邊上抽著菸，問母親一句。

父母有時候很愛用英文交談，以為我一副聽不懂的樣子，其實他們之間說什麼我都沒什麼興趣。

這時母親會悠閒的躺在椅子上，把太陽眼鏡摘了下來對著父親微微的笑著：

"I know you want ice cream."

我當時不是很懂英文，但是ice cream我是知道的，我心裡非常興奮。馬上找妹妹說等下有冰淇淋吃啦！

「請情……」

母親有時候會這樣叫我。「慶慶」第一個慶發三聲，第二個慶發二聲，她這樣叫我的時候都絕對是好事。

「你看你爸爸工作做得多有成就呀，可以帶你們來圓山聯誼會這麼漂亮的泳池游泳，待會我們還要帶你們在圓山的餐廳裡吃蒙古烤肉，你以後一定要好好念書，將來才會有成就，你也可以像爸爸一樣，知道嗎？」

我那時候一邊聽著媽媽說話，一邊到處觀望服務生有沒有來給我們送冰淇淋。絲毫沒把媽媽的話放在心裡。我只是想著看服務生來，要和服務生說能不能加七喜汽水，做冰淇淋蘇打。

「老闆，您要來一份冰淇淋嗎？您喜歡的Rum Rasin今天到貨了。」

我半躺在西安的泳池邊，有人過來幫我把菸灰缸清理乾淨，換了一杯冰塊，我在攝氏三十八度的太陽下曬得迷迷糊糊的。把太陽眼鏡摘下來望了一下眼前的影子。

「是沈元嗎？好吧，順便幫我加點雪碧，我喜歡Ice Cream Float，冰淇淋蘇打。」

沈元是我的酒吧經理，一個彝族人，長得非常討喜，永遠都是笑眯眯的。

「好的。老闆。」

我也許曾經是圓山飯店聯誼會的會員家屬，但是今天我相信我所擁有的也應該超過了一個聯誼會會員的福利待遇了吧，我很慶幸自己能在這麼高端大器的酒店環境工作，能重享當初小時候因父親而有的那段快樂美好的時光，只可惜今天在泳池陪我吃冰淇淋的只剩下我和我自己的影子。

建立獨特的「自我」品牌價值

悅榕集團旗下，在中國雲南，撫仙湖悅椿度假酒店是我近幾年前經營的酒店。在那片好山好水的美景當中，我也常常想起以前在美國工作的情形，大家只看到了現在的我在酒店業中呼風喚雨，大家都是擁戴著我一路，老闆、老闆的叫，感覺風光得不得了。

但是這一路走過來，我幾乎都是以酒店為家，經歷了二十幾年忙碌的日夜，和對無數刁鑽客人的服務，才淬煉出我個人的能量，最終建立起屬於自己的品牌價值。

我自己是從最基層的酒店服務員開始做起，先後在洲際酒店集團（芝加哥、克利夫蘭、亞特蘭大等地的分公司）、費爾蒙酒店集團、好萊塢羅斯福酒店，新加坡濱海灣金沙酒店、亞特蘭大喜達屋集團等，國際一線酒店到現在悅榕酒店管理集團。說起這些旅館酒店的種種經歷，真是講個幾天幾夜也講不完的。

有很多人問我，「Jerry，你覺得經營旅館首重什麼？」

我認為一個酒店是否可以營運得好，關鍵在於它有沒有辦法滿足顧客的不同需求。你所提供的商品、服務，有沒有辦法比其他競爭對手更強、更有勁，你是不是有辦法掌握住自己的主顧客群或目標客層……

也有人會問我說：「Jerry，你如何為經營的旅館增加品牌價值？」

我都會回答，品牌定位要很「清楚」，還要好好利用建立的品牌去做各種行銷。因為唯有好的「品牌」價值的被建立才能創造營業佳績。

酒店或旅館的定位一定要很清楚，如果你是屬於商務型的酒店，來往的都是來去匆匆的商務型旅客，那即使你辦了很多派對也未必會有客人參與；但如果你是讓大家放鬆休息的度假型酒店，機會來了就要好好抓住服務，不要擺高姿態，那可能就得多花點心思在你的餐飲、設施或可以娛樂客人的節目上……

因為型態的不同，會有不同的訴求和目標客戶，所以連帶的廣告策略或公關活動也都會不太一樣。

很多五星級飯店也都會利用其他品牌的號召力和市場優勢來幫自己免費宣傳，順便強化自己的品牌形象。像是哪個國際名人光臨或入住，那種博版面宣傳的效果往往最強。

最後，也是最重要的，便是要建立自己的品牌價值。

在這個世代的高競爭力當中，想要在人海中脫穎而出、可以在舞台上發光發熱，讓別人注意到你的存在與價值，「複製」別人成功的經驗或許不失為一個很好的方法，但是，我認為在我們這一行想要成功，最終還是要回到最基層，用最笨的方法去檢驗，那就是你自己的那一顆心。你是不是有顆真誠的心、願意給自己和別人機會的心，願意去真心為別人服務，在看到別人因你的服務而開心時便會很開心的那顆心！

如果你喜歡一個東西，我相信你就會很有熱情，並且很有計畫的去做好或努力追尋，你也得學會用樂觀開朗的心態去看待每一次在追尋過程中所遇到的挫折。我所體會的是所有的成功需要的都是一份Passion，激情。當那份激情存在，任何的挫折都不會Stop You。你只會越挫越勇，而成功的那一剎那，你會為此而更高興，更興奮，這份激情永遠跟著你，我們也會更享受我們的工作與生活。

I often said that I love my job or I enjoy what I do. I set up my goal as an hotelier and I am so glad that I made the right choice with a fruitful career path. 與其說我選擇了飯店管理行業，其實換個角度來看，應該也可以說是這些富麗堂皇的飯店也選擇了從小就喜歡玩扮家家酒的我了吧。

來自「扮家家酒」的靈感

玩扮家家酒，是我小時候最愛玩的一種遊戲，我非常樂於這些虛擬角色的扮演，其中我最喜歡扮演的就是「服務生」。

我覺得扮家家酒的樂趣在於可以模仿大人的世界，可以假裝自己是個成人或我想成為的人，我很喜歡的一種劇情是去餐廳吃東西，由我擔任服務員為我同行的其他小朋友服務或點餐，要不就是扮演空中少爺，正在執行我的空中任務。

「請問你要咖啡還是茶？」我都會很認真的說。

「來，這是您要的咖啡，請慢用喔。」

有時我的假想客人也會假裝喝完，然後說：「請再給我一杯，謝謝。」

「好的，沒有問題，請稍等。」

接著我會裝模作樣的說：

「如果還有任何需要為您服務的，請隨時告訴我。」

這種家家酒的戲碼總是在我的童年一演再演。當然有時會變成去商店買東西之類的，但是我總是扮演為人服務的角色。

一直到高中畢業，我最嚮往的也是能到速食店打工，當個點餐的櫃檯服務生，高中時的我也一直很憧憬能當空中少爺，為機上的旅客服務，所以我想我從小流的就是想要為別人服務的那種血吧，會走上旅館服務這一行，應該都是順著我的本意去走。

喜歡熱情為大家服務的那種熱血的感覺，也很希望別人因為我的服務而開心。即使到現在，我還是每天都以小時候玩扮家家酒那種無比雀躍的心去面對我的工作和伙伴，這也是我做任何事都很有活力的原因。我的員工也可以感受到，這Boss Jerry很愛「玩」、很愛「演」，也很敢「玩」，我期許大家可以開開心心把經營旅館當玩扮家家酒般，整個酒店的氛圍就能很輕快、很有活力。

這便是我經營旅館一個很「與眾不同」的地方。

同樣的道理，我覺得每個人只要有心、用心、細心、貼心的觀察生活或工作中的每一個小細節，你會發現樂趣藏在其中，所以工作時不要板著一張臉，不管你是做哪一個領域，就開開心心全心投入吧，相信我，當你全心投入之後，便會發現你已經做好萬全的準備了。

我個人是認為所謂的「幸運」，就是「機會」加上你的「努力」才能得到，想要在工作上有人賞識，有機會往上爬，還是要靠自己的努力。

我常回想以前在希爾頓酒店彈琴的時候，那些前檯的接待員每個人都穿得那麼合宜，然後又在那麼豪華舒適的環境下工作，那種「賞心悅目」的畫面讓當時年輕的我好生嚮往，也就是因為這樣，給了我對未來生活和工作的一種啟發。我幻想著有朝一日要穿上旅館那種美而挺的制服，笑著為大家提供親切溫暖的服務，正如同我小時候玩扮家家酒為妹妹或其他小朋友服務那樣。

對我來說，「扮家家酒」代表的不只是小時玩伴間的遊戲而已，其實也是一種我對生活的想法和態度，它提供了我好大的想像空間，啟發我很多創意和想法，它告訴我，不管到哪裡，一旦決定了哪個角色就要全心投入扮演好那一個角色。

從一個愛玩扮家家酒的男生，蛻變到現在成為能獨當一面的國際五星級飯店的總經理，經常懷抱著那種「玩扮家家酒」的心態給了我好多創意與啟發，帶我通往自由幻想的任意門……

愛生活033

執著的人不畏懼被改變 從扮家家酒到五星級飯店管理

作者	孟孝慶
責任編輯	曾敏英
發行人	蔡澤蘋
出版	健行文化出版事業有限公司 台北市105八德路3段12巷57弄40號 電　　話／02-25776564・傳真／02-25789205 郵政劃撥／0112263-4
九歌文學網	www.chiuko.com.tw
印刷	前進彩藝有限公司
法律顧問	龍躍天律師・蕭雄淋律師・董安丹律師
發行	九歌出版社有限公司 台北市105八德路3段12巷57弄40號 電話／02-25776564・傳真／02-25789205
初版	2016年12月
定價	280元

書號　0207033

ISBN　978-986-93519-4-2

（缺頁、破損或裝訂錯誤，請寄回本公司更換）

國家圖書館出版品預行編目(CIP)資料

執著的人不畏懼被改變：從扮家家酒到五星級飯店管理 / 孟孝慶著. -- 初版. -- 臺北市 : 健行文化出版：九歌發行, 2016.12
面； 公分. --（愛生活 ; 33）
ISBN 978-986-93519-4-2（平裝）

1.孟孝慶 2.臺灣傳記

783.3886 105018389